FRANKREICH

AUS DER LUFT

„Möge Frankreich weiterhin Vielfalt bedeuten." (F. Braudel, *L'Identité de la France*)

Für Stefano Fantoni

KARL ■ MÜLLER

FRANKREICH
AUS DER LUFT

Fotos
Guido Alberto Rossi

Text
Jean-Louis Houdebine

Grafik und Layout
Anna Galliani

Inhalt

1 *Schloss Chambord im Loiretal ist eines der bemerkenswertesten architektonischen Meisterwerke der Renaissance. Es wurde zum Teil von Leonardo da Vinci für Franz I. entworfen.*

2–3 *Weites Land im Norden bei Wissant, an der Côte d'Opale, zwischen Blanc-Nez und Gris-Nez. Der Sandstrand offenbart bei Ebbe überraschende Farbtöne und Farbübergänge.*

4–5 *Ein anderes Wunder der Renaissance im Tal der Loire: Chenonceaux und die gelassene Schönheit seiner am Cher liegenden französischen Gärten.*

6–7 *Im Vordergrund die Île de la Cité mit der Kathedrale Notre-Dame-de-Paris, dahinter die kleinere Insel Saint-Louis – beide Inseln liegen da, als wären sie mitten in Paris, dem ehemaligen Lutezia, vor Anker gegangen.*

© White Star S.r.l.
Via C. Sassone 22/24
13100 Vercelli, Italien

© 2004 Herausgegeben in Deutschland von
Verlag Karl Müller GmbH
www.karl-mueller-verlag.de

Übersetzung aus dem Französischen:
Andrea Kindler

ISBN 3-89893-251-6

Druck und Bindung:
Everbest Printing
Printed in China

8 *Straßburg, elsässisch von Natur aus, französisch aufgrund geschichtlicher Ereignisse, ist der Sitz des Europäischen Parlaments und eine europäische Stadt par excellence.*

9 *Inmitten einer riesigen Bucht erhebt sich zwischen Himmel und Erde der Mont-Saint-Michel und erinnert uns an die Blütezeit der Kunst und der Religion im Mittelalter.*

10–11 *Das 4808 m hohe Massiv des Montblanc im Tal von Chamonix ist Europas höchster Berg und ist bei Skiläufern und Alpinisten bestens bekannt und beliebt.*

Einleitung

von JEAN LOUIS HOUDEBINE

Man kann noch so sehr an Fotos aus der Luft gewöhnt sein, es gibt nichts Verwirrenderes als im Flugzeug oder im Helikopter zu sitzen und von dort oben aus oder vom obersten Aussichtspunkt eines hohen Turmes herab die Orte zu betrachten, die einem vertraut sind, weil man dort lebt oder weil man dort schon tausendmal vorbeigekommen ist, und die man auswendig zu kennen meint. Es gibt kaum etwas Aufschlussreicheres, als wenn einem dieses vertraute Gebiet plötzlich in seiner ganzen Weite vor Augen liegt. Es wirkt fremd und doch gelingt es einem, zumindest teilweise, Plätze zu entdecken, die man mit einem Mal erstaunt wiedererkennt: Schau, da wohne ich, da bin ich oft entlang gefahren, dort war ich mit meinen Eltern im Urlaub oder später mit den Kindern ... Von oben gesehen, wird das Unten zu etwas, das uns neugierig macht, und obwohl es uns so vertraut ist, sehen wir es plötzlich als etwas Ungewöhnliches, das es zu entdecken gilt. Es beginnt ein neues Abenteuer: Die Felder, die Flussufer, die Bäume, unter denen es von Lebewesen wimmelt und die von oben unsichtbar sind – selbst die Städte und die großen Ballungsgebiete – so hat man sie noch nie gesehen, zumindest nie richtig, nicht so, aus dieser Perspektive, die einem den Blick dafür öffnet, wie groß oder klein diese Dinge wirklich sind. Man sieht die Form einer Stadt, die Anordnung ihrer Straßen und Gebäude, ihrer alten Festungsanlagen und ihrer mehr oder weniger ungeordneten Ausdehnung innerhalb der Landschaft vielleicht zum ersten Mal mit anderen Augen. Genauso wie den geheimnisvollen Lauf der Bäche und Flüsse, die große Bögen um Hindernisse machen, um ihren Lauf dann auf völlig unerwartete Weise fortzusetzen. Und dann die großen Farbflächen, in die sich Ebenen oder hügelige Landschaften gliedern: Weiden, bebautes Land, Heidelandschaften und Wiesen, das Schachbrettmuster der mit Hecken umrandeten Felder, die geradlinigen Salzgärten an der Küste oder der ockerfarbene Schlamm eines Flussdeltas ... Der Hauptgrund für unser Staunen ist sicher, dass wir die Welt gewöhnlich aus der Perspektive und der normalen Augenhöhe eines Menschen sehen; der Alltag grenzt unsere Sichtweise ein. In der Luft jedoch, hoch am Himmel, wird unser Vorstellungsvermögen plötzlich viel größer, die neue Sichtweise öffnet uns weitere, unzählige Perspektiven, viel nuancenreicher, viel unerwarteter. Die Vogelperspektive erweitert unser Vorstellungsvermögen und regt es an, hier liegt die wahre Kraft der Luftaufnahmen. Sie lädt uns auf vielfältige Weise ein zu einer Reise durch die Landschaft und die Geschichte eines Landes, welches Millionen von Touristen jedes Jahr besuchen, um es wiederzuentdecken oder neu kennenzulernen. Und gerade weil wir die folgende Reise aus der Vogelperspektive erleben werden, ist es wichtig, sich zunächst einen Überblick zu verschaffen.

Eine geometrische Figur, die oft – und manchmal auch mit etwas Ironie – verwendet wird, ist das Hexagon, das Sechseck. Es beschreibt nicht nur sehr gut die Fläche Frankreichs (hierzu genügt es, eine geografische Karte von Frankreich auszubreiten; man wird dort sofort die sechs herausragenden Ecken finden), sondern es lässt sich von dieser geometrischen Figur auch eine Eigenheit der französischen Mentalität ableiten: die der logischen, kartesianischen Denkweise, welche auf Descartes, einen französischen Philosophen des 17. Jahrhunderts zurückgeht. Diese Denkweise ist geprägt von einer großen Vorliebe für Ordnung, Methode und Einheit. Erst wenn man das so genannte Hexagon aus der Nähe betrachtet, stellt man sehr schnell fest, dass es sich durch eine extreme Vielfalt auszeichnet und die ausgeprägtesten Kontraste vereint. Reisende, die im Laufe der Jahrhunderte Frankreich besuchten, wurden von diesen Gegensätzen immer wieder neu angezogen: von der Vielfalt der Landschaft, des Klimas (von feucht bis trocken, von streng bis mild, von ozeanisch bis kontinental), der Böden (von reich bis arm), angezogen auch von der Vielfalt der Oberflächenformen, welche sich in allen Gestalten präsentieren, angefangen von den höchsten Bergen Europas (Alpen und Pyrenäen) über

13 *60 km südlich von Dijon liegen Weinberge, die zu den berühmtesten Frankreichs gezählt werden. Der Wein wird hier auf den Kalkplateaus kultiviert, die hoch über der Saône liegen. Dies ist das Land der Côtes: Côte de Nuits, Côte de Beaune – alles zusammen heißt bezeichnenderweise Côte d'Or, die Goldküste ...*

__14__ Die zerklüfteten Hügel der Aiguille du Midi bilden eine beeindruckende Felsenkette, die das gesamte Tal von Chamonix einfasst. Hier, unter mehr als 2500 m Felsmasse, liegt der 11 km lange Montblanc-Tunnel, der Frankreich und Italien seit 1965 verbindet. Auf der italienischen Seite liegt das Tal des Aoste, mit der Straße nach Turin.

Mosaike von mittelhohen Bergketten, Hochebenen, Hügeln bis hin zu den Ebenen und den verschiedenartigsten Flusstälern und Küsten. All diese Gegensätze liegen in einem Gebiet verstreut, das zwar groß ist, aber doch nicht so riesig, als dass sich all diese Bestandteile nicht als Variationen eines großen Gesamtwerkes, einer Einheit mit einer unendlich variablen Identität verstehen würden, die fast an die Grenze des Wunderlichen stößt. Auch die mehrere tausend Kilometer langen Meeresküsten, die das Hexagon von drei Seiten säumen, sind facettenreich. Sie vereinen das ungestüme, raue, neblige Klima der Nordsee und des Ärmelkanals, die Kraft der aufgewühlten See am Atlantik, mit Ebbe und Flut, getrieben von den Westwinden der Bretagne und des Baskenlandes, mit den verzauberten mediterranen Stränden der Riviera, von Menton bis Collioure. Dort mischen sich Italien und Spanien wie zwei duftende Parfums.
Betrachtet man diese Vielfalt, so ist es nicht verwunderlich, dass hier nicht immer Harmonie herrschen oder alles im Gleichgewicht gewesen sein konnte. Dabei kommt es allerdings auch auf die Sichtweise an, wie man die Geschichte Frankreichs betrachtet. Die einen beharren zu Recht auf der Darstellung, dass Frankreich durch Bürgerkriege und Revolutionen - schließlich gab es davon eine ganze Menge - innerlich zerrissen war, die anderen stellen die Anstrengungen in den Vordergrund, welche bereits im Mittelalter vom stark zentralistischen, zunächst monarchistischen, später republikanischen Staat unternommen wurden, um das Land auch politisch zu einen. Vor kaum dreißig Jahren fragte sich General de Gaulle, als er wieder einmal die den Franzosen angebotene Neigung zu „Separatismus“ zu spüren bekam, mit einem humorvollen Unterton, wie es überhaupt möglich sei, ein Land zu regieren, welches stolz darauf ist, mehr als 350 verschiedene Käsesorten zu besitzen... Anders gesagt, es gibt mehr als 350 Gebiete, oder „Länder“, im französischen *Pays*, wie beispielsweise das *Pays Basque, Pays d'Auge, Pays de Caux, Pays de Béarn*, etc. - und alle sind eifersüchtig darauf bedacht, ihre jeweiligen Besonderheiten zu bewahren! Es ist bekannt, dass bereits Cäsar während der römischen Eroberung vor zweitausend Jahren eine ähnliche Bemerkung gemacht hat. Dies ist um so erstaunlicher, als zu jener Zeit noch keine Rede von „Frankreich“ war, sondern nur von einem großen Territorium. Dieses besaß zahlreiche innere Grenzen. Es lebten viele verschiedene Völker nebeneinander, alle bereit im Kampf ihre Unabhängigkeit zu vertei-

__15 oben__ Felsige Berghänge, die zum Klettern einladen, weite Gletscher, schneebedeckte Gipfel soweit das Auge reicht. Der bekannteste Berg der französischen Alpen ist der Montblanc; Sommers wie Winters kommen jedes Jahr Tausende von Touristen.

__15 unten__ 1890 ließ Joseph Vallot in 4309 m Höhe auf einem felsigen Steilhang, der knapp unter dem Grat liegt, eine nach ihm benannte Hütte bauen. Sie ist Europas höchstgelegene Schutzhütte und den routinierten Alpinisten vorbehalten.

16–17 *Entlang der Pyrenäen, am Fuße der ersten Bergausläufer, liegen Landschaften mit mehr oder weniger zerklüfteten Felsformationen, deren Farbintensität mal zu-, mal abnimmt. Von der atlantischen Küste kommend gelangt man so vom Pays Basque, dem Baskenland, nach Béarn, dann, wie hier, nach Bigorre, zwischen Tarbes und Lourdes. Die Berge im Hintergrund besitzen viele malerische Orte: die Täler bei Cauterets und Gavarnie und berühmte Pässe, die jedes Jahr wieder durch die „Tour de France“ in aller Munde sind: Aubisque, Tourmalet, Aspin, und einige mehr.*

digen. Der Name Gallien wurde teils im Singular, „Gallien“, teils im Plural „die Gallien“ verwendet. Zur Zeit der Römer gab es daher in Lyon ein Amphitheater, das sich „das der drei Gallien“, nannte. Trotzdem hob der griechische Geograf Strabon im ersten Jahrhundert unserer Zeitrechnung die außergewöhnliche Harmonie hervor, die alle Bewohner dieses Territoriums vereinte. Seine Worte haben fast zweitausend Jahre später nichts von ihrer Gültigkeit verloren. Sie sind bestens dazu geeignet, uns auf unserer luftigen Reise zu begleiten: Die landschaftliche Gestaltung dieser von den Göttern geweihten Erde, so schreibt er im Wesentlichen, scheint mitnichten dem Zufall zu entspringen, sie ist vielmehr Teil „eines in gewisser Weise logischen

17 oben Auf einer Länge von 400 Kilometern erstrecken sich vom Atlantik bis zum Mittelmeer die Pyrenäen als natürliche Grenze zwischen Frankreich und Spanien. Auf der französischen Seite sind einige Berge wie der Vignemale oder der Pic Long höher als 3000 m.

Plans", der, wenn man ihn betrachtet, „Zeugnis ablegt von einer göttlichen Vorsehung".
Dieser berühmte, von bekannten Historikern des 20. Jahrhunderts (von Vidal de la Blache bis Fernand Braudel) oft zitierte Ausspruch, zumindest was den Teil der „göttlichen Vorsehung" betrifft, unterstützt die Auffassung, dass in Frankreich ein besonders glückliches Zusammenspiel aller geografischen Gegebenheiten herrscht. Die zwei Meere (Mittelmeer und Atlantik), die das Land im Norden, im Westen und im Süden einrahmen, harmonieren auf eine wunderbare Art und Weise mit den strahlenförmig verlaufenden Flüssen, die wiederum fast alle Regionen miteinander verbinden.

17 unten Der herausragende Punkt in der Bergkette der Pyrenäen ist der mitten im Bigorre liegende Pic du Midi. Seit dem 19. Jahrhundert ist sein Gipfel mit einem wissenschaftlichen Observatorium ausgestattet; später kam auch noch ein Fernsehsender dazu.

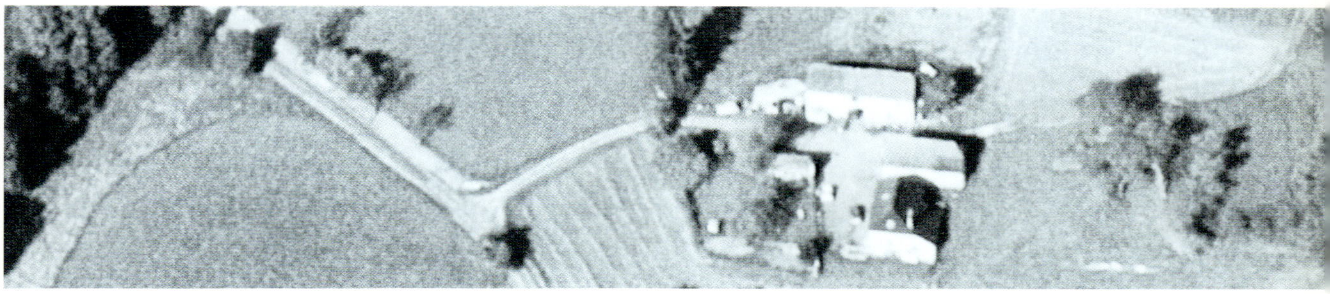

Gut beobachtet! Tatsächlich erhalten wir das einprägsamste und konkreteste Bild dieses Landes, das aus einer so großen Vielfalt entstanden ist, wenn wir die unzähligen Flüsse und Wasserläufe anschauen, die es in allen Richtungen durchziehen. Von oben betrachtet hat man den Eindruck, dass sie Linien auf einer Handinnenfläche darstellen: hier eine Lebenslinie, dort die Linie des Glücks und die der Liebe. Verfolgt man diese Linien, so wechseln sich vor unseren Augen Städte und Landschaften ab, historische Baudenkmäler, moderne Zentren, landschaftliche Nutzflächen, welche in jahrhundertelanger Arbeit urbar gemacht wurden, wilde Schluchten, Cañons und von Menschenhand in den Fels gehauene Wege. Es ist sicherlich kein Zufall, dass die überwiegende Mehrzahl der französischen Départements (die in der Französischen Revolution festgelegten Verwaltungseinheiten) nach großen oder kleinen Flüssen benannt wurden, die sich durch das jeweilige Gebiet schlängeln. Es genügt, dass man sie aufzählt und schon ziehen – wie in einem Film – die tausend Panoramen der ländlichen Binnenschifffahrt an einem vorüber: Vielleicht fährt man flussaufwärts von La Loire-Atlantique, über Le Maine-et-Loire, L'Indre-et-Loire, Le Loir-et-Cher und Loiret bis zur Haute-Loire oder fast kerzengerade flussabwärts auf der Saône, dann weiter auf dem Doubs, bis man schließlich im Bouches-du-Rhône landet. Nein, ich

vergesse sie nicht, sie, die ein großer deutscher Dichter einmal die „schöne Garonne" genannt hat. Sie fließt mit ihren Nebenflüssen, dem Tarn und dem Lot zusammen, bevor sie gemeinsam mit der Dordogne in das Bec d'Ambès mündet, um auf einer Länge von ungefähr hundert Kilometern eine Trichtermündung, die Gironde, zu bilden. Hier sind die Ebbe- und Flutbewegungen bis über Bordeaux hinaus wahrzunehmen. Man könnte noch eine ganze Reihe von „Ländern" nennen, deren Namen auf Flüsse zurückzuführen sind, Namen, die sofort Eindrücke wachrufen von besonderen Erinnerungen. Erinnerungen an das Wasser, an die sich je nach Jahreszeit verändernde Färbung, oder Erinnerungen beispielsweise an die Schwerfälligkeit der sommerlichen Loire, in der von Blois bis zum Atlantik viele kleine Inseln liegen, denen auch die Hochwasser des Winters nicht ihr vieles Grün entreißen konnten. Dann die wirbelnde Kraft der Rhône an Tagen, an denen der Mistral bläst, die Weite der Landschaft zwischen Vienne und Valence. Von Condrieu bis Tournon ist das Ufer von terrassenförmigem Weinanbau gesäumt, die sich abwechseln mit dem friedvollen, ländlichen Charme der kleinen Flüsse im Westen, dem Thouet, der Vendée oder der beiden Sèvres mit ihren bewundernswerten, weiblichen Namen: Niortaise und Nantaise. Die erstgenannte durchquert unbekümmert eine der wunderlichsten Regionen Frankreichs, das Marais Poitevin, welches bedeutungsvoll auch das „grüne Venedig" genannt wird, während die dunklen Wasser der zweiten langsam an Nantes vorbeifließen, nachdem sie zuvor ein enges Tal durchquert haben. Dort stehen die Ruinen der alten Burgen Clisson und Tiffauges, in denen noch der unruhige Geist von Gilles de Rais, dem späteren Blaubart" der Märchenwelt umherspuken soll.

Die vier großen Flüsse, Rhône, Seine, Loire und Garonne mit ihren Nebenflüssen, entspringen alle in den großen Gebirgen, den Alpen, den Pyrenäen und dem Zentralmassiv. Sie sind es auch, die uns auf unserer Reise als Führer dienen werden. Im Verlauf der einzelnen Kapitel dieses Buches, in denen wir in aller Ruhe an den verschiedenen Orten verweilen können, wird die Reise fortgesetzt. Folgen wir zunächst der Nord-Süd-Achse, die uns durch das Rhônetal führt, das seit Menschengedenken, den mediterranen Süden Frankreichs mit den nördlichsten Gebieten Europas verbindet. Das Rhônetal findet seine natürliche Verlängerung im Tal der Saône und im Tal des Doubs. Setzt man seinen Weg entlang des Juragebirges und der Vogesen fort, so gelangt man bis zum Rhein, der auf einer Länge von 190 Kilometern eine natürliche Grenze zwischen Frankreich und Deutschland darstellt. Weiter oben stößt man nur noch auf Flüsse, die sich alle in nördlicher Richtung über die Landkarte schlängeln. Viele fließen weiter nach Belgien, nach Holland oder Deutschland, nachdem sie, wie beispielsweise die Maas, die Ardennen in tiefen Schluchten durchquert hat. Die Sambre, der Escault und die Lys dringen noch weiter nach Westen vor. Sie fließen gleichmäßig bis zu den Artois-Bergen und speisen unzählige Kanäle, die früher zum traditionellen Reichtum Flanderns beigetragen haben. Für die Hunderttausenden Touristen, die jedes Jahr aus den nördlichen Regionen Europas in den sonnigen Süden strömen, hinein in die Regionen, die einen ewigen Sommer verheißen, ist dies die Urlaubsroute. Ist man vorbei an Lyon und an Valence, scheint alles verändert: Man ist angekommen! Die Luft wird deutlich wärmer, der Himmel ist strahlend und klar, die ersten Olivenbäume tauchen auf, dann grüne Eichen, Granatapfelbäume, provenzalische Bauernhäuser mit flachen Dächern und geschwungenen Toren ... Ganz am Ende, ganz unten, da liegen dann Marseille und das blaue Meer, das mit seinen milden Temperaturen zum Baden und zum süßen Toulon bis zur italienischen Nichts-

***18** Der Windung des Aveyron angeschmiegt, an der äußersten Grenze von Rouergue und Quercy, liegt Najac besonders malerisch in einer hügeligen Landschaft mit unzähligen wunderschönen Plätzen.*

***19** Eine friedliche Dorfstraße führt hinauf zum Platz vor der Kirche, die ein wenig über dem Orl, am Abhang des Hügels liegt: Die Sonne scheint, wir befinden uns Mitte August auf dem Land, mitten in Zentralfrankreich.*

20 oben *Von oben gesehen ist Monaco winzig. Man hat die Enge jedoch dadurch ausgeglichen, indem man die Küste systematisch aufgescbüttet hat. Die so gewonnene Fläche macht mehr als 25 % der heutigen Landesgröße aus.*

20 unten *Der außergewöhnliche Wohlstand Monacos geht auf das Ende des 19. Jahrhunderts zurück. Damals vermehrten sich rund um das berühmte Kasino prächtige Paläste und Villen, welche den Reichen dieser Welt bis heute ein bevorzugtes Ziel für die jährliche Sommerfrische bieten.*

20–21 *Dieser Blick umfasst ganz Monaco. Das Bild zeigt die herausragende Schönheit des Fürstentums, die oft den Eindruck erweckt (sicher nicht immer zu Unrecht), dass das Leben hier unter der mediterranen Sonne, zwischen Villen und Yachthäfen nur eitel Sonnenschein sei.*

tun einlädt. Von Grenze liegt das, was man gemeinhin als „la Côte“, die Küste, bezeichnet, ganz so, als gäbe es in Frankreich nur diese eine Küste, die Côte d'Azur: Menton, Monaco und seine felsige Landspitze, an der sich seit einem Jahrhundert Luxushotels, Villen und fürstliche Residenzen dicht an dicht drängen; daneben Monte-Carlo, mit einem der erlauchtesten Kasinos, in dem man alles gewinnen, aber genauso gut alles verlieren kann; Beaulieu-sur-Mer, Villefranche-sur-Mer und die herrlichen Buchten rund um Saint-Jean-Cap-Ferrat, wo Zitronen- und Orangenbäume wachsen; Nizza mit seiner am Meer gelegenen *Promenade des Anglais*, seiner Altstadt in typisch italienischen Farben (Nizza gehört erst seit 1860 endgültig zu Frankreich), mit den engen, kühlen und dunklen Gässchen, in denen von früh mogens bis spät abends Leben herrscht; Cannes mit seiner Strandpromenade *Croisette*, die in jedem Frühling bei den Internationalen Filmfestspielen von Cannes immer wieder neu von den internationalen Kinostars erobert wird; die Seebäder Juan-les-Pins, La Napoule, Saint-Tropez ... All dies sind Orte, die weltweit bekannt sind. Gleichzeitig sind sie auch Opfer ihrer großen Bekanntheit, denn im Sommer sind sie überlaufen. Von oben gesehen, vor der Kulisse des herrlichen Hinterlandes, das sich bis hin zu den Ausläufern der südlichen Alpen erstreckt,

kommt die Magie dieses Ortes erst richtig zur Geltung: Eine herrlich zerklüftete Felsküste mit Kaps und winzigen Buchten wird umspült von klarem, blauem Wasser. Das Blau hebt die anderen Landschaftsfarben, ähnlich der Farbpalette eines fauvistischen Malers, erst richtig hervor. Wir sehen den dunkelroten Porphyr des Estérelgebirges, dahinter den kleinen Fluss Argens, das tiefe Grün der Pinienwälder, der Korkeichen, der Kastanien und das Gebirge des Massif des Maures.
In der Ferne liegen die Inseln von Hyères - Porquerolles und Port-Cros, beides Nationalparks, die den einzigartigen Reichtum dieser mediteranen Tier- und Pflanzenwelt schützen und die Île du Levant, ein Paradies für Naturliebhaber. Ganz hinten am Horizont, ungefähr 200 Kilometer vom französischen Festland entfernt, liegt die Insel Korsika. Reisende, die von ihrem Reiz beeindruckt waren, gaben ihr den Namen „Insel der Schönheit". Wir blicken im Inselinnern auf Berghänge, die mit grünem Dickicht überzogen sind, und in enge Täler, die uns zu kleinen, hoch in den Bergen liegenden Dörfern führen. Die Bewohner dort leben einzig im Rhythmus der Jahreszeiten. Die Küste von Korsika ist felsig und ragt, wie beispielsweise in Bonifacio oder im Golf von Porto, mit ihren Felsspitzen hoch über das klare und warme Meer. Ajaccio, Bastia und Corte sind die größten Städte Korsikas. Ihren Einwohnern wird ein leicht zu kränkender Stolz nachgesagt. Es heißt, sie seien hin und her gerissen zwischen ihrem Stolz auf ihre seit dem 18. Jahrhundert bestehende Zugehörigkeit zu Frankreich, – auch

Napoleon Bonaparte stammte schließlich von Korsika – und ihrem Unabhängigkeitsstreben, das einer jahrhundertelangen Tradition entspringt und heute wieder mehr denn je im Gespräch ist.
Wenn wir uns von dort aus wieder dem französischen Festland zuwenden, stoßen wir zunächst auf die landschaftlich sehr kontrastreiche Provence – so unterstrich beispielsweise der bekannte französische Schriftsteller Jean Giono, dass es für ihn nicht nur eine Provence sondern mehrere gebe. Die Haute-Provence ist charakterisiert durch schroffe, wilde und karge Landschaften, mit befestigten, fast unzugänglichen Dörfern, die hoch oben auf felsigen Bergspitzen liegen. Rund um Grasse, die Stadt des Parfums, erstrecken sich weite Felder mit Olivenbäumen, Blumen und lange Reihen von Zypressen, deren dunkle Umrisse sich scharf vom hellen Himmel abzeichnen. Es ist verständlich, dass viele Maler mit Vorliebe hier in der Provence gearbeitet haben: Matisse und Picasso hielten sich lange hier auf und die von Van Gogh in Arles gemalten Bilder gehören zu seinen Meisterwerken. Cézanne, der in Aix-en-Provence geboren wurde, schuf dort auch die meisten seiner Bilder. Er kehrte immer wieder zu seinen Motiven zurück, besonders der Berg Sainte-Victoire inspirierte ihn bis zum Schluss immer wieder neu. Aix, die frühere historische Hauptstadt der Provence, ist heute besonders wegen ihres Musikfestivals eine anerkannte Stadt der Kunst. Es ist ein Vergnügen dort durch die Straßen zu laufen und überall auf kleine Plätze zu stoßen, auf denen Brunnen aller Art munter vor sich hin plätschern.
Nicht weit weg liegt das so ganz andere Marseille. Sie ist zusammen mit Lyon die zweitgrößte Stadt Frankreichs. Marseille ist turbulent, lebhaft und besitzt den größten Mittelmeerhafen Frankreichs, der schon seit jeher die Verbindung mit dem Orient und Afrika sicherstellte. Die frühere griechische Handelsniederlassung, Massalia, welche von den Phokäern lange vor der römischen Eroberung erbaut wurde, ist unangefochten die kosmopolitischste Stadt Frankreichs: In verschiedenen Immigrationswellen siedelten sich hier Griechen, Italiener, Armenier und Maghrebiner an, um sich zu einer lebendigen und farbigen Gemeinschaft zu entwickeln. Die Mischung der Kulturen ist leidenschaftlich und warmherzig, manchmal jedoch auch etwas schwierig. Ein bisschen wie bei dem einzigartigen Gericht, der berühmten Bouillabaisse, die man nur dort probieren sollte, im Vieux Port, dem alten Hafenviertel von Marseille, in Estaque oder bei den Calanques, den berühmten schmalen Meeresbuchten bei Goudes und Cassis.
Fliegt man an der Rhône entlang wieder in nördlicher Richtung nach Lyon, so entdeckt man unterwegs in den Städten viele beeindruckende Zeugnisse galloromanischer Kultur. So auch in Arles Lind Orange. Das antike Theater in Orange ist mit einer außergewöhnlichen Akustik ausgestattet; jeden Sommer werden hier herrliche Opern präsentiert. Entfernt man sich ein kleines Stück von der Rhône, trifft man auch dort auf Zeugnisse einer längst vergangenen Kultur: den Pont du Gard, ein großer antiker Aquädukt sowie das römische Amphitheater

__22__ Im Vordergrund der Pont de Trinquetaille in Arles, mit dem Grand Rhône im warmen Sommerlicht der Provence. Weiter oben die Arena, wo Corridas die Kämpfe der römischen Gladiatoren abgelöst haben, und rechts, nicht weit von der Kirche Saint-Tropbime, die Überreste des antiken Theaters aus augusteischer Zeit.

__23 oben__ Arles, nahe der Camargue, ist ein Spiegelbild der gesamten Provence: wunderschön, sonnig und von einer ansteckenden Fröhlichkeit.

in Nimes (das weltweit besterhaltenste!), wo große Corridas abgehalten werden. Dabei zeigt sich, dass die andere große Kultur Südeuropas, die der Spanier, hier ihren Einfluss ausübt. Auch die ‚férias' von Nimes (große Stadtfeste nach spanischem Vorbild) sind hierfür ein farbenfrohes Beispiel.
Avignon, lange Zeit Residenz der Päpste, ist für sein Theaterfestival berühmt, das von Jean Vilar im Jahre 1947 gegründet wurde. Das Tal der Rhône verengt sich plötzlich. So muss man auch bei Douzière-Mondragon durch einen Engpass, den die Schiffer früher fürchteten. Heute steht an dieser Stelle ein großes Wasserkraftwerk. Es ist nur eine der vielen Industrieanlagen, die den Lauf des Flusses und dessen nahe Umgebung nachhaltig verändert haben. Die Rhône, „dieser aus den Alpen herabdonnernde Stier", wie der französische Dichter Michelet den Fluss im 19. Jahrhundert nannte, wurde auf großen Strecken „gezähmt". Neben den Weinbergen, deren

Anpflanzungen bis in die Zeit der römischen Eroberungen zurückreichen, wurden im Laufe der Zeit immer mehr Obstbäume (Pfirsiche, Pflaumen, Kirschen) angepflanzt, die das Tal im Frühling in einen riesigen, herrlich blühenden Garten verwandeln. Der Wein dieser Gegend, vom Châteauneuf-du-Pape bis zum Côte-du-Rhône und dem im Süden von Vienne angebauten Côte de Rôtie ist kräftig, tiefrot und manchmal sogar dunkelviolett. Vom Flugzeug aus gesehen wirkt das Szenario noch viel beeindruckender: Der Blick fällt auf das bergige Umland, das die Rhône von beiden Seiten einrahmt. Im Osten liegt, noch relativ weit entfernt, das Massiv des Vercor, dessen erste Erhebungen etwa 20 Kilometer entfernt von Valence beginnen. Im Westen erheben sich die Berge direkt am Ufer der Rhône und beherrschen die Landschaft bis nach Lyon. Am Zusammenfluss von Rhône und Saône gelegen, an der Kreuzung der Verkehrswege zwischen den Ländern Nordeuropas, Deutschland, Italien und Zentralfrankreich, besaß Lyon, die ehemalige Hauptstadt Galliens, schon zu jener Zeit eine europäische Bedeutung. Im Ballungsraum von Lyon leben heute ca. 1 200 000 Menschen. Die Region Rhône-Alpes, deren unangefochtene Metropole Lyon ist, zählt zu den aktivsten. Lyon besitzt eine lange Geschichte und zeichnet sich durch große Leistungen in Industrie und Handel sowie der Förderung von Universitätswesen und Wissenschaft aus. In vielen Bereichen nahm die Stadt eine Vorreiterstellung ein: Lyon war mit seiner Seiden- und Textilproduktion die erste industrielle

25 oben *Am oberen Bildrand erkennt man die Oper von Lyon. Genau darunter liegt das Rathaus, gegenüber von der Place des Terreaux mit dem monumentalen Brunnen, dessen vier sich aufbäumende Pferde die in Richtung Atlantik fließenden Flüsse symbolisieren.*

25 unten *Die auf dem Hügel Fourvière stehende Basilika Notre-Dame erhebt sich über dem alten Stadtkern Lyons. Von dort oben hat man einen wunderbaren Blick auf die Stadt. Mancher mag der weiter unten am Hügel gelegenen, wunderschönen gotische Kathedrale Saint-Jean den Vorzug geben.*

24–25 *Auf der Halbinsel, zwischen Saône und Rhône, liegen einige der größten Geschäftsviertel Lyons, aufgelockerl durch weite Plätze, wie hier in der Bildmitte die Place Bellecour.*

Stadt Frankreichs. Die Aufstände der Seidenarbeiter, der so genannten *Canuse*, im Jahre 1831 und 1834, gehören zu den ersten Arbeiteraufständen, welche die nationale Politik geprägt haben. Die Region leistete in vielen Bereichen Pionierarbeit. So weiß man, dass die Gebrüder Lumière hier Ende des 19. Jahrhunderts den Cinematographen erfunden haben. Vielleicht geht diese besondere Genialität aus der stetigen Suche nach einem vorsichtigen Gleichgewicht zwischen Konservativismus und Modernismus, zwischen Tradition und Neuerung hervor. Man findet hier wenig Gefallen an Kitsch und marktschreierischem Plunder. Die Bewohner pflegen vielmehr ihre, während einer langen Zeit geduldig erworbene Handfertigkeit und Finesse. Dies zeigt sich beispielsweise in der Küche Lyons, deren Ruf weit über Frankreichs Grenzen hinaus reicht. Wenn es dann draußen angenehm warm ist und man gut gegessen hat, lädt Lyon mit seinen kleinen Altstadtgässchen und den langen Uferwegen an Saône und Rhône zu ausgedehnten Spaziergängen ein. Auch die historischen Höhen von Fourvière und Croix-Rousse bieten sehenswerte Ausflugsziele ...

Wir fliegen weiter über Dombes und seinen großen, inmitten von Teichen gelegenen, ornithologischen Park und orientieren uns, entlang der Saône, weiter in nördlicher Richtung. Der Lauf des Flusses führt uns nach Burgund, an dessen östlicher Gren-

ze die Überreste der Abtei von Cluny stehen. Das Kloster war im frühen Mittelalter sowohl in der Religion als auch in der Kunst und in den Geisteswissenschaften eine bedeutende und einflussreiche Einrichtung. Cluny ist auf unserem Weg das erste Beispiel romanischer Architektur. Im Burgund finden sich viele weitere Bauwerke aus der Romanik: Fontenay beispielsweise gibt mit seiner wunderbar schlichten Abteikirche in perfekter Art und Weise die vom heiligen Bernhard unablässig verfolgten Ideale der Zisterzienser wieder und Vézelay ist mit seiner großen, auf einem Hügel gelegenen Basilika, eine der Hauptetappen auf dem Pilgerweg, der nach Santiago de Compostela in Spanien führt. Hinzu kommen die unzähligen, bescheidenen Kirchen und viele einfache Kapellen, deren gelbockerfarbene Steine, Halbtönen gleich, Anmut und eine zeitlose Ruhe ausstrahlen. Ohne den Geist von Abstinenz und Armut, die dem heiligen Bernhard so wichtig waren, beleidigen zu wollen, könnte man sagen, dass sich hier die goldene Farbe der großen Weißweine des Chablis oder noch mehr die des Meursault wiederholen, der ein unverwechselbares Bukett besitzt. Was die Rotweine angeht, so bietet die Côte d'Or mit ihren zahlreichen Weinbergen, die sich von Santenay bis Beaune, von Nuits-Saint-Georges bis nach Dijon aneinanderreihen, viele außergewöhnliche Spitzenweine. Beaune mit seinen herrlichen bunten Ziegeldächern und Dijon mit seinem Palais der Herzöge von Burgund sind Sinnbilder dieser reichen Provinz, deren Gebiete sich früher bis nach Flandern erstreckten. Wenn wir dieser Straße folgen, auf der Prinzen mit heldenhaften Namen, wie Philipp der Kühne, Philipp der Gute, mit seinem legendären goldenen Vlies, Johann ohne Furcht und Karl der Wahn-

26–27 Die berühmtesten Weinberge von Burgund liegen auf einer Länge von 60 km zwischen Dijon nd Santenay.

27 oben Gevrey-Chamberlin, Clos-Vougeot, Meursault, Volnay, Pommard, Nuits-Saint-Georges: An der Côte, südlich von Dijon, besitzt jedes Dorf einen berühmten Weinberg, dessen Name Weinkennern süße Verheißung verspricht.

sinnige ihre kühnen Träume nach Ruhm gehegt haben, gelangen wir bald nach Lothringen, dann ins Elsass und schließlich zu den großen, bis ans Meer reichenden Ebenen des Nordens. Dies sind Regionen, die Jahrhundertelang im Zentrum kriegerischer Auseinandersetzungen standen, zuletzt während des Zweiten Weltkrieges. Betrachtet man die Geschichte Frankreichs, so stößt man auf unzählige Namen von Schlachten (Siegen und Niederlagen), die in den so unsicheren Gegenden um Azincourt, Rocroy, Valmy, Sedan und Verdun geschlagen wurden. So wurden im Norden liegende Städte, wie beispielsweise Lille, und im Osten liegende Städte, wie Cambrai, sehr früh zu Garnisonen, die eine verletzliche Grenze abriegeln sollten. Im 17. Jahrhundert, zur Zeit Ludwigs XIV., war Vauban der größte Meister militärischer Architektur. Seine klugen, durchdachten Anlagen, die auf geometrischen Formen wie rechten Winkeln und Halbkreisen basieren, haben mit ihren polygonen Linien auch das innere der befestigten Städte, wie beispielsweise in Le Quesnoy, Mézières oder Neuf-Brisach bei Colmar geprägt.
Das Elsass ist eine herrliche Region, die – wie viele nicht vergessen haben –, während der letzten vier Jahrhunderte immer wieder heftig umkämpft wurde ... Es liegt auf der Hand, dass diese Region seit fränkischer Zeit eine deutsche Tradition besitzt. Doch seit dem Dreißigjährigen Krieg und endgültig mit der Revolution von 1789 und der Ausrufung der ersten Republik, ist die Bindung an Frankreich, wie es in Grenzregionen oft vorkommt, stärker. Es ist kein Zufall, dass eines der schönsten Viertel Straßburgs „La Petite France", „Klein-Frankreich", heißt (so wie Colmar sein „Petite Venise", „Klein-Venedig" besitzt). Diese Gegebenheit hat die Stadt jedoch in keiner Weise daran gehindert, zusammen mit Brüssel und Luxemburg eine der drei Hauptstädte Europas zu werden, schließlich befindet sich der Sitz des Europa-Parlaments in Straßburg.

27 unten *Die Winzer von Burgund, gleichzeitig Eigentümer der Weinberge und Weinbauern , kann man beneiden: Die eingefriedeten Weingüter, clos genannt, auf denen sie arbeiten, sind von einer klaren und klassischen Schönheit.*

Die Brücke, die sich bei Kehl über den Rhein spannt, symbolisiert mit Recht die deutsch-französische Versöhnung. Am Fuße der östlichen, mit Tannen und Buchen bewaldeten Ausläufer der Vogesen liegen viele große Städte, deren Wohlstand sich still und anmutig zeigt: Fachwerkhäuser, deren Balkone mit Schnitzereien und Blumen verziert sind und Weinberge, die sich zwischen Mutzig, Sélestat, Colmar und Riquewihr ausbreiten. Hier gedeiht die berühmteste Rebe des Elsass: der Riesling. Er und viele andere Dinge machen das Elsass zum Schlaraffenland. Man erzählt sich, dass Ludwig IV. ausgerufen haben soll: „Welch' herrlicher Garten!"
Fliegt man in Richtung Westen über Lothringen hinweg, sieht man, nachdem man bei Verdun die Meuse überquert hat, unter sich große, in Richtung Seine fließende Flüsse: die Aube und die sich südlich von Reims durch die Champagne schlängelnde Marne. Die Kathedrale von Reims, deren Außenfassade mit 2300 Statuen verziert ist, erinnert uns mit ihrer Königsgalerie daran, dass hier die Könige von Frankreich gekrönt wurden. Hoch über der großen Rosette stehen 56 Königsstatuen, jede Figur ist 4,50 m hoch. Die aus der Picardie herabströmende Oise – umgeben von weiten, feuchten Ebenen, bekannt für ihre weizengelben Sommer, fließt unterhalb von Paris in die Seine.
So führt uns letztlich alles zur Île-de-France, der Kernlandschaft des Pariser Beckens, von der einst die politische Einheit der französischen Nation ausging. Paris, die Metropole Frankreichs hat sich hier in den Windungen der Seine eingerichtet. Der Blick aus der Vogelperspektive zeigt uns deutlich die vielen Etappen, in denen sich die Stadt in konzentrischen Ringen entwickelt hat: im Zentrum, rund um die Île-de-la-Cité, der Wiege des einstigen *Lutezia*, liegt das Paris des Mittelalters, jenes Paris, das oft im Mittelpunkt der Gedichte von Rutebeuf und François Villen steht. Am Ende des 11. Jahrhunderts wurden Befestigungsmauern errichtet, die Paris vor Invasionen schützen sollten. Mit 190 000 Einwohnern war Paris damals mit Abstand die größte Stadt Europas und die Reisenden jener Zeit verwandelten es in ein ebenso faszinierendes wie beunruhigendes „Babylon". Der erste innere Ring wurde mehrmals erweitert. Das letzte Mal geschah dies im 19. Jahrhundert durch Baron Haussmann, der die großen Boulevards des modernen Paris anlegen ließ. Die Hügel vom Montmartre und von Belleville hingegen haben ihren dörflichen Charakter in großen Teilen erhalten. Wendet man sich dem äußersten Rand von Paris zu, so stößt man dort auf den Gürtel der Boulevards des Maréchaux, der Boulevards der Marschälle (jeder von diesen Boulevards trägt den Namen eines berühmten Marschalls des napoleonischen Reiches), und schließlich auf den großen Boulevard Périphérique, die

28 *Zwischen der Mosel und dem Kanal, der von der Marne zur Rhône führt, liegt die achteckig angeordnete Festung der Stadt Toul in Lothringen. Der Festungsbaumeister Vauban hat die acht Bastionen im 17. Jahrhundert konstruiert. Wie Metz und Verdun, war auch Toul lange Zeit ein strategischer Ort, wenn das Königreich Frankreich und das Heilige Römische Reich Deutscher Nation im Streit lagen.*

29 *Der Bau der Kathedrale von Reims, ein Meisterwerk gotischer architektur, von der man hier den Chor und die mit Glockentürmchen verzierten Spitzen der Strebebögen sieht, benötigte fast ein ganzes Jahrhundert (Beginn der Bauzeit 1211). Die Basilika, in der Frankreichs Könige gekrönt wurden, besitzt an ihrer Fassade eine Statuensammlung von außergewöhnlicher Schönheit.*

Ringautobahn, die ausschließlich dem Fluss des Kraftfahrzeugverkehrs dient.
Nichts offenbart einem mehr von der Schönheit und dem historischen Reichtum dieser Weltstadt, als ein Spaziergang entlang der Seine, vom Pont d'Austerlitz bis hin zum Eiffelturm. Notre-Dame-de-Paris, die Île Saint-Louis, mit ihren jahrhundertealten Stadtpalästen, der Turm Saint Jacques, die Sainte-Chapelle und die Conciergerie, das ehemalige Stadtgefängnis von Paris, die Brücke Pont-Neuf, unter Heinrich IV. errichtet, der Louvre (heute eines der größten Museen der Welt), die Tuilerien, das Musée d'Orsay, die Place de la Concorde, das Trocadéro – nur äußerst selten trifft man auf so engem Raum auf eine so große Fülle von architektonischen Bauten, die Zeugnisse einer langen und bewegten Geschichte sind. Trotzdem kann man auch kilometerweit gemütlich spazierengehen. Es lohnt sich bei den Bouquinisten, den „Straßenbuchhändlern" am Ufer der Seine, etwas zu verweilen oder einfach die Landschaft zu bewundern, die Sonne, die sich im Wasser der Seine spiegelt, die hellen, fast weißen Steine, das gleitende Licht und Flimmern der Luft... Das Paris der Könige und der Revolutionen, Paris-Bastille und Paris-Étoile-Champs-Elysées, Paris-Pigalle oder Montmartre, Paris-Montparnasse und Samt Germain-des-Prés: Nicht ein Platz und nicht ein Name, bei dessen Klang nicht sofort eine Vielzahl von kollektiven Erinnerungen wach gerufen werden, Erinnerungen an all jene, die das Gedächtnis eines Volkes lebendig erhalten.
Wenige Städte wurden so sehr gefeiert, so oft gemalt, waren so sehr Inhalt von Erzählungen, wurden so häufig vom größten Dichter bis zum einfachen Straßensänger in allen Tonarten besungen wie Paris. Theater, Kinos, Kabaretts, Jazzkneipen, Museen aller Arten, Buchhandlungen und Bibliotheken, das kleine Bistro des Viertels und das große Restaurant von Welt – wer kann wirklich von sich behaupten, er kenne ganz Paris?

***30** Paris ohne den Eiffelturm ist heute unvorstellbar. Die Polemik um diese der Modernität des industriellen Zeitalters gewidmete Metallkonstruktion, die Ende 1880 seine Errichtung begleitete, istschon lange vergessen und jedes Jahr kommen Millionen von Touristen, um ihn zu sehen.*

***31** Der Arc de Triomphe inmitten der Place de l'Étoile: Zwölfgroße Prachtstraßen, Avenues gehen von ihr aus: die bekannteste ist die oben abgebildete Champs-Élysée. Sie führt zur Place de la Concorde und zu den Tuilerien.*

Obwohl das Leben in dieser Metropole mit ihren mehr als 11 Millionen Einwohnern ganz und gar nicht unproblematisch ist, besonders in solch schwierigen Zeiten wie heute, ist Paris trotzdem anziehend, verführerisch und sehr attraktiv.
Wenngleich auch Paris nicht von Sünden des Städtebaus in den Nachkriegsjahren verschont geblieben ist (besonders im Norden und Osten), so blieb doch die ganze Schönheit der weiteren Umgebung erhalten: die herrlichen Wälder von Chantilly, Rambouillet und Fontainebleau, das Tal der Chevreuse mit seinen kleinen, stillen Dörfern, den Schlössern und den prächtigen adeligen Wohnsitzen. Hier stehen so bedeutende Schlösser wie Sceaux und Vaux-le-Vicomte, dessen französischer Park ein Meisterwerk des Gartenbauarchitekten Le Nôtre ist. Besonders herausragend ist natürlich Versailles, das mit seiner prunkvollen Bauweise, dem 17 000 Hektar großen Park und Garten immer noch sämtliche Besucher in anerkennendes Staunen versetzt.
Folgt man der Seine von Paris aus flussaufwärts, so kann man dabei den ländlichen Charme der Seineufer genießen, bei Melun und Samois besitzt der Fluss eine heitere Eleganz. Hier verbrachten der Maler Sisley und der Dichter Mallarmé ihre letzten Tage, der eine in Moret-sur-Loing, der andere in Valvins. Fliegt man weiter in Stromrichtung, so begegnen einem in Argenteuil und Chatou, bei den Terrassen von Saint Germain-en-Laye, bis hin zum Meer, immer wieder die Namen fast aller impressionistischen Maler: Seurat, Renoir, Monet, Degas ...
Sie alle haben die Landschaft der Île-de-France durch ihre Werke verewigt. Wie könnte man nicht einige Momente über Giverny verweilen, wo Monet von 1883 bis 1926 lebte und arbeitete: das „rosa und grüne" Haus, der japanische Garten, der „Seerosenteich" – dieses „Beet von Wasser", wie Marcel Proust den See in einem seiner berühmten

Aussprüche nennt –, sie sind noch immer da, genauso wie auf den berühmten Bildern, auf denen sie für die Ewigkeit festgehalten sind.
Fliegt man über Giverny und Vernon weiter, bis unter einem die fruchtbare Normandie liegt, sieht man die Seine, deren Lauf sich immer wilder krümmt. Über dem Fluss stehen die imposanten Ruinen des Château-Gaillard, jener Festung, die Richard Löwenherz am Ende des 12. Jahrhunderts hier errichten ließ. Die Altstadt von Rouen, eine moderne Industriemetropole, gruppiert sich um drei Meisterwerke der gotischen Architektur, um die Kathedrale Notre-Dame und die Kirchen Saint Maclou und Saint Ouen. Sie wurden nach dem letzten Krieg besonders sorgfältig restauriert. Auf beiden Seiten der Seine, zwischen Rouen und Le Havre, liegt die Haute-Normandie. Im Norden wird das Pays de Caux mit seinen ausgedehnten fruchtbaren Ländereien von wenigen engen Tälern unterbrochen. Die dort stehenden Fachwerkhäuser liegen inmitten von Gemüsegärten und Buchenwäldchen. Das Land endet schlagartig an steil abfallenden Felsen, die das Meer überragen. Die bizarren Felsformen, wie beispielsweise in Étretat, werden vom ewigen Spiel des Windes und der Wellen gestaltet.
Fliegt man in die Basse-Normandie, taucht unter einem das Pays d'Auge mit der Côte Fleurie (blühende Küste) und den beliebten Seebädern Deauville, Trouville und Carbourg auf. Während der *Belle Époque*, der Zeit um die Jahrhundertwende, kamen die angesehenen Pariser Familien hierher in die Sommerfrische. Im Inneren der Haute-Normandie beherrschen bald weite Wiesen, bald Apfelbaumplantagen, deren Früchte gekeltert und zu *Cidre* verarbeitet werden, das Landschaftsbild. Die Region ist bekannt für ihre Viehzucht, ihre Milchproduktion und besonders auch für den *Camembert*, der zum regelrechten Wahrzeichen geworden ist. Sein Name geht zurück auf die Stadt Camembert, nahe Vimoutiers, in der er vor 200 Jahren erfunden wurde. Es wird kaum nötig sein, zu erwähnen, dass in der Normandie gerne gegessen und getrunken wird. Davon zeugt die zweite Spezialität dieser Region, das „normannische Loch", eine gute Lebensart, vor allem für Genießer: Es wird empfohlen, mitten in der Mahlzeit ein kleines Glas

Calvados (aus dem Cidre-Apfel destillierter Alkohol) zu trinken, sodass man wieder Appetit erhält, um danach ausgiebig weiter essen zu können ....
Im Süden der weit in den Ärmelkanal herausragenden Halbinsel Cotentin, hinter den Hügeln der Basse-Normandie, liegt auf einer Insel aus Granitstein, inmitten einer riesigen Sandbank, die bei Flut vollständig überschwemmt wird, das Wunder der Wunder, der Mont-Saint-Michel. Die Bucht, in der sich

32–33 Ein herrlicher Blick auf Versailles. Gleichgewicht und Vielfalt bei den Formen, Strenge in der Komposition der Naturelemente, Monumentalität der Perspektive: Hier setzt sich die Ästhetik der französischen Klassik souverän durch. Am unteren Bildrand, im Vordergrund, der Apollo-Brunnen mit dem Gott, den der Sonnenkönig gerne als Wahrzeichen für sich in Anspruch nahm.

die Umrisse des erhabenen Berges fein vom Himmel abzeichnen, ist die traditionelle Grenze zwischen der Normandie und der Bretagne. Was für eine Vielfalt auch hier: Die Bretagne der Küste (*l'Armor*, „Land am Meer"), die Bretagne im Inneren (*l'Argoat*, „Land des Waldes"), die bretonische Bretagne (sie liegt westlich der Linie, die Guingamp und Vannes verbindet) und das Pays Gallo (dort wird neben französisch auch bretonisch gesprochen). Alleine die Küste ist eine Welt für sich: ein 1200 Kilometer langer Streifen, der ohne seine vielen Buchten und Einschnitte nur 600 Kilometer Luftlinie betragen würde.
Die kontrastreiche Landschaft besteht aus bizarren Felsformationen, aus langen Stränden mit feinem Sand (wie bei La Baule oder Sables-d'Or-les-Pins), und hohen Sandstein- oder Granitfelsen, an die unaufhörlich die kraftvollen Wellen des Atlantik schlagen, wie am Cap Fréhel oder an der Pointe du Raz. Überall findet man felsige Steilhänge und dazwischen immer wieder geschützte, kleine Strände, von denen man direkt auf das bewegte Meer blickt, während einem die salzige Meerluft ins Gesicht weht. Bretagne, das sind auch tiefe Flusstäler, die an den Mündungen der kleinen bretonischen Flüsse entstanden sind, es sind die imposanten Landschaften von Dinan, Dinard und Saint-Malo. Bretagne, das ist auch das Finistère, wo kleine Fjorde, die so genannten abers, weit ins Land eindringen. Auch ein tiefer Golf gehört in diese Region, der Golf von Morbihan. Er ist fast schon ein „kleines Meer", so die Bedeutung seines Namen mor-bihan, in dem Dutzende von Inseln liegen. Auch Häfen gibt es hier in Hülle und Fülle, große und kleine: Douarnenez, Concarneau mit seiner *ville close*, der „abgeschlossenen Stadt", die von einer Befestigungsmauer aus Granitstein umgeben ist, Roscoff, von wo aus man mit dem Schiff zur nahegelegenen Île de Batz oder auch nach England oder Irland ablegen kann oder Saint-Malo, mit seiner langen Geschichte der Freibeuter und der abenteuerlustigen Reisenden: Jacques Cartier, der Kanada entdeckte, Surcouf und Chateaubriand, der erste große Schriftsteller der Romantik. Und dann ist da natürlich noch Brest, das während des Zweiten Weltkrieges vollständig zerstört wurde. Wieder neu aufgebaut, avancierte es zum größten Militärhafen Frankreichs, dessen in tiefem Wasser gelegene Reede die größten Schiffe aufnehmen kann.
Fliegt man an der Küste der Bretagne weiter bis nach Nantes, sieht man unterwegs viele Inseln, deren größte zu Recht Belle-Île, „schöne Insel" genannt, mit dem Schiff 45 Minuten vom Kontinent entfernt liegt. Diese Insel ist landschaftlich so zusammengesetzt, dass sie wie ein winziges Abbild der gesamten Bretagne wirkt: geschützte Strände an der östlichen Küste, ein hügeliges Inselinneres, hohe felsige Klippen, zerfurcht von Grotten und Spalten, gepeitscht von Wind und Wellen, die Côte Sauvage (wilde Küste), wo man nur noch auf die unendliche Weite des Meeres blickt ...
Das Hinterland der Bretagne ist sicher weniger bekannt, aber nicht minder reizvoll. Es ist zweifellos einer der fesselndsten Landstriche ganz Frankreichs: Die nüchternen Landschaften des Monts d'Arrée mit der kargen Vegetation aus Heidekraut und Stechginster; den sehr alten, legendären Wäldern, wie die von Paimpont; das mittelalterliche

34 *Die Küste des Ärmelkanals bei Fécamp, mit bizarren Felsformationen.*

35 oben *Die weiten landwirtschaftlichen Flächen des Pays de Caux in der Haute-Normandie enden abrupt mit den hoch über dem Meer liegenden Kreidefelsen.*

35 Mitte *Gegenüber von Saint-Malo, an der Mündung des Rance, liegt Dinard.*

35 unten *Fécamp, mit seinem Fischerei- und Handelshafen, war früher Hauptstadt der „Neufundländer", Hochseefischer, die Kabeljau an der Atlantikküste gefischt haben.*

36 oben *Die an der bretonischen Küste gelegene Belle-Île, „schöne Insel“, trägt ihren Namen zu Recht: Hohe, von den Wellen des Atlantik gepeitschte Felsen an der Côte Sauvage, der „wilden Küste“, windgeschützte Strände an der Ostküste, kleine felsige Buchten mit winzigen Häfen. Im Inselinneren hügeliges Heideland oder fruchtbare Wiesen – die Schönheit der Insel hat viele Gesichter und erstaunt den beeindruckten Spaziergänger immer wieder aufs Neue.*

Brocéliande, das Merlin der Zauberer und Viviane die Fee leider nicht vor einem gewaltigen Tornado bewahren konnten, der vor zehn Jahren mit einer unglaublichen Gewalt große Teile zerstört hat; alte Festungen mit dunklen Granitmauern, wie Vitré, Fougères und Josselin, oder bescheidene Herrenhäuser eines niederen Adels, der in der Bretagne niemals wirklich reich war. Und überall verstreut findet man auf dem Land, an einer Wegbiegung oder hinter einer Hecke, Dolmen und Menhire, diese immer wieder überraschenden Monumente, deren berühmtes, fast symmetrisch angeordnetes Megalitenfeld, das Alignement von Carnac, noch heute zu den geheimnisvollsten Rätseln der Geschichte zählt.

Fliegen wir wieder weiter in Richtung Süden, so tauchen unter uns ganz andere, weniger abweisende Landschaften auf, die wesentlich lieblicher sind. Zunächst sehen wir von oben das blaue Band der Loire, dem mit mehr als 1000 Kilometern längsten Fluss Frankreichs. Dadurch, dass die Loire das Gebiet von Ost nach West fast in seiner gesamten Breite durchquert, stellt sie die natürliche Nord-Süd-

Grenze dar. Dies wird allabendlich durch die Wettervorhersage bestätigt, deren Meldungen sich immer auf das Land ober- und unterhalb der Loire beziehen. Unterhalb der Loire, ab dem Poitou und Limousin, sprach man früher sogar eine andere Sprache: man war hier im Pays d’Oc und sprach „la langue d’Oc“, das Altfranzösisch des Südens, im Gegensatz zur „langue d’Oïle“, dem Altfranzösisch des Nordens, das sich um Paris herum durchgesetzt hatte. Heute sind noch Reste dieser Sprachen in Form von melodischen Akzenten übrig, beispielsweise im Midi, die jedoch auch nicht im gesamten Süden gleich sind. Der Akzent von Marseille und der von Toulon haben nicht viel gemein mit dem von Narbonne und dem der östlichen Pyrenäen, genauso wie die Aussprache von Nimes mit der in Toulouse oder Bordeaux wenig gemeinsam hat. Die Landschaften des Loiretals, die auf dieser Trennlinie

36 unten *Ganz im Süden der Bretagne, am Eingang des Golfes von Grand Traict, liegt das bekannte Seebad Le Croisic. Es gibt dort auch einen belebten Fischereihafen und Austernparks, die eine große Fläche des Golfes bedecken.*

36–37 *Die Zitadelle Vauban liegt über dem Hafen Le port du Palais, dem größten der Belle-Île: Hier legen die aus Quiberon kommenden Tourlstenboote nach einer 45 Minuten dauernden Überfahrt an.*

zwischen Nord und Süd liegen, zeugen tatsächlich von einem feinen Gleichgewicht. Dies ist um so erstaunlicher, da der Fluss, der sie bewässert, seit jeher unvorhersehbaren, plötzlich eintretenden „Stimmungsumschwüngen" und saisonbedingten Schwankungen unterliegt. Im Gegensatz zur Rhône wurde die Loire nur an wenigen Stellen begradigt. Sie ist heute einer der wenigen naturbelassenen Flüsse in Europa, doch die Anwohner sind schon seit langem an die Launen des Flusses gewöhnt. Die Loire ist im Sommer wunderschön, besonders bei Mauves oder bei Montsoreau, und die Landschaften, durch die sie fließt sind sehr unterschiedlich. Die Loire harmoniert perfekt mit den zarten Farben des Schiefers und des Tuffsteins, aus denen die Häuser zwischen Tours und Angers traditionell gebaut sind. Die Weintrauben, die an den Hängen der nahen und weiteren Umgebung, bei Champigny, Bourgueil oder in Chinon reifen, bringen wunderbare Weine hervor - leichte Weine mit einem Bukett von Veilchen oder Himbeere, deren Intensität je nach Jahrgang wechseln kann. So gibt es sehr gute Jahre und weniger gute. Aber so ist es, so ist die Loire, immer unvorhersehbar und unberechenbar. Die gesamte Region scheint in guten Jahren sorglos glücklich, bestrebt mit einer großzügigen Natur in Harmonie zu leben, die nichts weiter möchte, als an den Bemühungen der Menschen teilzuhaben. „Garten von Frankreich", nannte Rabelais, der selbst aus Chinon stammte, diesen Teil Frankreichs, wo sich die französischen Könige der Renaissance bevorzugt im Sommer aufhielten. Sie bereicherten das Tal mit ihren prunkvollen Wohnsitzen: Chambord, Chenonceaux... Genauso Sully-sur-Loire, Blois, Azay-le-Rideau und Amboise, wo Leonardo da Vinci sich 1516 niederließ, bevor er ganz in der Nähe, auf dem Landsitz Clos-Lucé, seine letzten Tage verlebte. Alljährlich machen sich Tausende von Touristen aus der ganzen Welt erneut auf, um die berühmte Tour entlang der „Schlösser der Loire" zu unternehmen. Die Schlösser wurden als Lustschlösser, als Orte der Erholung, und natürlich als Prestigeobjekte erbaut. Die mächtige Festung, die in Anger hoch über der Maine liegt, gehört zu einer ganz anderen Kategorie: Sie ist Symbol einer kurzlebigen Macht der Könige von Anjou, aus der Provence, von Neapel und Sizilien. Sie erinnert uns an eine Zeit von Machtkampf und Brutalität. Von dieser Zeit zeugen auch die befestigten Burgen in Langeais (einer der zwei Bergfriede stammt aus dem 10. Jahrhundert), in Luynes (12. Jahrhundert) und noch mehr die in Loches. Dort hielt Ludwig XI. in den dunklen *Martelet* gerne seine hohen Gefangenen in Eisen- oder Holzkäfigen fest, die er mit seinem schwarzen Humor gern seine *Fillettes*, seine „kleinen Mädchen" nannte. Nette Umgangsformen...

Auch die Burgen, die man weiter südlich findet, wenn man in die unwirtlicheren Regionen des Massif Central vordringt, haben ebenfalls größtenteils ihren mittelalterlichen Charakter bewahrt. Sie wurden im Wesentlichen an strategisch wichtigen und vorteilhaften Stellen errichtet, die ihrer militärischen Vorteile wegen ausgewählt wurden. Heute zieht uns jedoch besonders die Schönheit der alten Gemäuer an, die oft durch die grandiose Einsamkeit der Standorte und die erstaunlichen Formen der sie umgebenden Landschaften noch gesteigert wird. So liegt auch im Tal der Creuse das Schloss Crozant auf einem Felsvorsprung, das den Eingang ins Limousin bewacht. Ventadour, das im Osten von Tulle, inmitten von Wäldern liegt, ist von einem immens tiefen Graben umgeben. Diese Burg konnte höchstens durch Verrat eingenommen werden. Auch die Burg „Les Tours de Merle", die auf einer Anhöhe liegt, deren Steilhänge von der Maronne umspült werden, war bis zum Eingreifen der Artillerie unbesiegbar. So auch mehr als zehn weitere Burgen, die ähnlich angelegt sind.

Offen gesagt, es bräuchte viele zusätzliche Seiten, um all die herrlichen Landschaften in Zentralfrankreich lebendig werden zu lassen, die südlich bis zu den Cévennen reichen und sich im Westen bis zum Périgord ausbreiten. Dort stehen Hunderte von Schlössern und die Küche ist vom Feinsten: Sie verwöhnt uns mit Trüffeln, Entenleber und den

38-39 *Das in der Touraine am Ufer des Indre gelegene Château d'Ussé erhebt seine hohen Türme über den in Terrassen angelegten Gärten. Man sagt, dass der allseits bekannte Autor der Contes de Fées, Charles Perrault, sich hier inspirieren ließ, um sich so das Schloss von Dornröschen noch besser vorstellen zu können oder das des Prinzen, der kam, um Dornröschen vom Fluch der bösen Fee zu befreien.*

berühmten *Confits*. Im Osten reicht diese Landschaft bis über die Kette der verloschenen, rund um Clermont-Ferrand liegenden Vulkane der Auvergne. Gleitet man über diese Landschaft, so sieht man deutlich die kontrastreichen Gegenden: Zerfurchte Reliefs, mit Weiden bedeckte Gebirgsmassive, die bald scharfkantig sind, bald abgerundete Formen haben und unbewegliche Vulkanseen, mit tiefen, klaren Wassern. Dann wieder Kastanien- und Buchenwälder im Périgord, die Hochebenen des Limousin mit ausgedehnten Weideflächen, die schmalen Täler der Dordogne und des Lozère, wo sich in den steil aufsteigenden Felsen viele Grotten befinden. Hier entdeckt man prähistorische Zeugnisse des Cro-Magnon-Menschen im Vézèretal bei Les-Eyzies-de-Tayac. Viele der Höhlen sind auch reich an archäologischen Funden und an Kunstschätzen von unschätzbarem Wert, wie beispielsweise in Lascaux. Die Vielfalt der Landschaft zeigt sich auch in den kalkreichen Hochebenen und den tiefen Cañons der Causses, dieser kargen Hochflächen, mit ihren überdurchschnittlich langen Wintern, den unterirdischen Flüssen und den schwindelerregenden Schluchten, die diese Region seit ungefähr 100 Jahren zu einer der bevorzugten Ziele von Höhlenforschern gemacht haben. Wir treffen auch auf die trockene, überwältigende Einsamkeit der Cévennen mit dem Parc Nationals des Cévennes, dem größten Nationalpark Frankreichs. Am Mont Lozère und am Mont Aigoual kann man noch heute einige königliche Adler beobachten, wie sie hoch in den Lüften ihre majestätischen Kreise ziehen. Ein Gebiet, in dem Widerstand Tradition hat, genau wie im südlich angrenzenden Languedoc, wo der Widerstand gegen die Vorherrschaft des Nordens, der seine Macht missbrauchte, sehr stark war: Zunächst gab es dort den Widerstand der Katharer im 13. Jahrhundert, dann den Widerstand der Protestanten, der Hugenotten. Am Ende des 17. Jahrhunderts waren die Cévennen die „Wüste" der *Camisarden*, die sich im Kampf gegen religiöse Verfolgung und gegen die Grausamkeiten befanden, welche während der in trauriger Erinnerung gebliebenen *Dragonades* – Zwangsmaßnahmen von Ludwig XIV. zur „Bekehrung" der Protestanten duchgeführt – begangen wurden. Während des Zweiten Weltkrieges war der Mont Aigoual ein wichtiger Bestandteil der französischen Widerstandsbewegung gegen die nationalsozialistische Besatzung. Überall in den von den großen Verkehrswegen abseits gelegenen Regionen herrscht eine solche Vielfalt an Landschaften, an historischen Sehenswürdigkeiten oder außergewöhnlichen Naturereignissen, dass man hier, mehr als sonst irgendwo in Frankreich, den Eindruck hat, diese Fülle niemals völlig ergründen zu können. Immer bleibt das Gefühl, man müsse noch mehr entdecken und erkunden.

Beenden wir unsere Reise, indem wir uns langsam nach Südwesten treiben lassen, wo uns die „Schöne Garonne" erwartet. Wir müssen nur dem Lauf der großen Flüsse folgen, die am Ende ihres Weges alle mit ihr zusammenfließen und in ihrer Verlängerung den Atlantik erreichen: der Tarn, der Lot und die Dordogne. Schon seit der Römerzeit ist der traditionelle Name der Region, die sich von den Pyrenäen bis zur Landschaft der Saintonge erstreckt, Aquitanien – „Land des Wassers". Tatsächlich fehlt es nicht an Wasser: Wir lernen hier einen ganz anderen „Midi" kennen, einen französischen Süden mit wohltuenden Frühlingsregen, mit zahlreichen Wasserläufen, wie beispielsweise den *Gaves*, wie in den Pyrenäen die Sturzbäche genannt werden. Sie kommen in Wasserfällen aus den Bergen und bewässern Bigorre, Béarn und die Weinberge des Jurançon. Die Hügel im Baskenland sind von einem so intensiven Grün, dass die weiße

40 unten *Schon seit langer Zeit gehören die Weinberge in das Landschaftsbild des Midi: Wir befinden uns hier in der Gegend von Carcassonne. Der von hier stammende Blanquette de Limoux ist ein von Kennern geschätzter Wein.*

40–41 *Der einsame Traktor scheint wie verloren in den Furchen, eine einsame, verlassene Landstraße, ohne Baum, ohne Schatten. Hier bei Carcassonne, zwischen Aude und Garonne, bietet sich im Sommer ein Blick auf eine ausgedehnte, in Licht getauchte Landschaft.*

Farbe der Häuser noch viel strahlender erscheint. Auch der Adour bringt Wasser. Er zieht sich in einer großen Biegung durch die Gascogne, bevor auch er Bayonne und schließlich den Atlantik erreicht. Zahlreiche weite Strandseen und Haffs charakterisieren die *Landes*, diese typische Landschaft. Sie sind miteinander durch kleine Wasserläufe verbunden und ziehen sich entlang des Pinienwalds, der auf einer Länge von 230 Kilometern durch große Dünen vom Meer getrennt wird. Und dann ist da, weiter im Norden, natürlich noch das große Tal der Garonne, rund um Toulouse und Agen, und das des Lot, mit seinem reichen Getreide- und Gemüseanbau und den Obstplantagen.

Die Region hat eine bewegte Geschichte. Noch heute ist sie übersät mit *Sauvetés* und *Castelnaux*, in denen die Bevölkerung Schutz suchen konnte, hier bei der Kirche, dort bei einem mächtigen Herren. Guyenne und die Gascogne waren drei Jahrhunderte lang englisch: In dieser Zeit wurden vermehrt komplexe Stadtteile im Schachbrettmuster gebaut. Die geradlinige Bauweise ist in Mirande oder in Marciac gut zu erkennen. In Marciac findet jeden Sommer ein hervorragendes Jazzfestival statt. Die stark in der Vergangenheit verwurzelten lokalen Traditionen sind hier besonders stark erhalten geblieben. Sie machen aus jedem Pays eine eigene kulturelle Einheit – wie es beim *Pays Basque* wohl auch deshalb der Fall ist, weil es sich auf der spanischen Seite fortsetzt (die selbe Situation herrscht, wenngleich in geringerem Maße, im französischen Katalonien, in den östlichen Pyrenäen). Auch Bigorre, Béarn und Gascogne haben eine starke Identität bewahrt, welche die moderne Welt nicht vollständig verdrängen konnte: Das baskische Pelota-Spiel, das Landaiser Kuhrennen, die großen *Corridas* von Bayonne oder Dax und selbst das aus England stammende Rugby, das im ganzen Südwesten gespielt wird, sind nur einige der bekanntesten traditionellen Veranstaltungen, die davon Zeugnis geben. Ungeachtet dieser hartnäckigen traditionalistischen Züge breitet sich bei Bordeaux

43 unten *Zwischen dem Port-Vieux und der Plage des Basques: Treffpunkt der Surfer und Wellenreiter. Diese prachtvolle Villa ist ein Paradebeispiel für die Luxusbauten, die den Ruf von Biarritz ausmachen.*

die ganze Schönheit Aquitaniens aus: Je näher der Fluss der Hauptstadt des ehemaligen Guyenne kommt, um so breiter wird das Tal und um so mehr spürt man die Nähe des Atlantik – eine spritzige, frische Luft, die von weither kommt und an den sonnigen Ufern der Gironde weht – sogar bis zu den Ufern der Dordogne, rund um Libourne. Der Wind trägt seinen Teil bei zum komplexen Reifungsprozess der Weintrauben, die zu unvergleichlich feinen, kräftigen und vielgesichtigen Weinen gekeltert werden, deren Namen in den Ohren von Kennern und Genießern wie ein großes Versprechen klingen: Pomerol, Saint-Émilion, Graves, Sauternes, Médoc … Ganz offen gesprochen: wenn es einen Ort in Frankreich gäbe, wo wir am Ende dieser Reise landen könnten, um zu verweilen und um von *Château* zu *Château* zu gehen, dann wäre das hier! War es nicht schließlich auf den Höhen der Pyrenäen, wo dem Rolandslied nach die Ritter, die sich im 11. Jahrhundert auf dem Rückweg von ihrem Ritt nach Spanien befanden, erkannten, dass hier, wo sich die liebliche Landschaft Aquitaniens vor ihren Augen ausbreitete, „la douce France", „das süße Frankreich" beginnt. Dieser Ausspruch mag uns heute seltsam vorkommen, war das Mittelalter doch von Gewalt und Brutalität geprägt. Und doch ist die Formulierung in gewisser Hinsicht gerechtfertigt. Sie gilt für die meisten französischen Regionen, denen es trotz ihrer Kontraste immer gelungen ist, ein Gleichgewicht herzustellen. Ihre Landschaften, voller Nuancen und Farbtöne, haben die impressionistischen Maler in besonders suggestiven Bildern verewigt. Noch viel mehr rechtfertigt sich diese Formulierung, wenn man die Liebe der Franzosen zu einer naturverbundenen Lebensweise und eine feinsinnige Lebensart kennt, die trotz aller Extravaganzen und großtuerischen Anwandlungen lebendig geblieben ist, die sich manchmal einschleichen. Sicherlich haben wir auf unserer Reise längst nicht alles gesehen. Dies ist ein guter Grund, um zurückzukehren! Sie können wieder nach Norden reisen, entlang der Atlantikküste, bis zu dem hübschen Hafen von La Rochelle … Nichts hindert Sie daran aufzubrechen …

44–45 *Leicht hügeliges Land, herrlich unregelmäßige Felder in verschiedenen Farbvarianten: von Ocker bis Grün, von Hell bis Dunkel, eine kurvenreiche Landstraße, davor eine kerzengerade Schnellstraße. Wir sehen hier eine typische französische Landschaft.*

42–43 *Biarritz entwickelte sich im 19. Jahrhundert von einem Marktflecken zu einem Seebad. Damals kamen die Bewohner des Bayonnais noch auf dem Rücken eines Maultieres oder Esels zum Baden.*

43 oben *Nahe der Pointe Saint-Martin befindet sich die Chambre d'amour (Liebeszimmer), eine Grotte, in der angeblich zwei Liebende eines Tages von der Flut überrascht wurden und den Tod fanden.*

Die Pracht der Berge

__46__ Beim Flug über den Montblanc sieht man, ganz versteckt zwischen riesigen schneebedeckten Felsmassen, das Tal von Chamonix. Die Nähe zu den höchsten Gipfeln des Montblanc bat Chamonix zur Hauptstadt des Alpinismus gemacht. Die 1823 gegründete „Companie des guides", eine Bergführervereinigung, ist bei begeisterten Alpinisten bestens bekannt.

__47__ Das Montblanc-Massiv erstreckt sich rechts und links der Grenze zwischen Frankreich und Italien. Die italienischen Ausläufer, hier abgebildet, sind viel steiler als die der französischen Seite und die Aufstiege verlangen viel Erfahrung im Klettern, die nur routinierte Bergsteiger mitbringen. Dieser Blick auf den Montblanc zeigt deutlich die riesige Felsmasse und den Gipfel. Der Schnee vermag die scharfen, zerklüfteten Reliefs nicht zu verdecken.

48 oben *Wintersport ist heute sehr beliebt. Eine große Anzahl von hochgelegenen Dörfern haben sich daher in Skistationen verwandelt, die Tausende von Skiläufern beherbergen können: Hier sieht man Méribel.*

48–49 Chamonix ist auch im Sommer attraktiv und wird von vielen Leuten besucht, die sich für schöne Wanderexkursionen begeistern. Wenn man sich von der Seilbahn der Aiguille du Midi bis zum Valée Blanche hinaufbringen lässt, ist es auch im Sommer möglich, Ski zu fahren.

49 oben *Ein Blick auf die Schönheit der Landschaft um Chamonix, am Fuße der berühmten 3000 m hohen Aiguilles.*

49 unten *Die Alpentäler bieten im Sommer vielfältige Möglichkeiten für Wanderungen und Spaziergänge. Kleine Dörfer mit Häusern, die auch dem härtesten Winter trotzen, schmiegen sich an die Berghänge.*

50–51 *Welch herrliches Schauspiel... Jeder Städter wird fasziniert sein von der majestätischen Größe der Berge. Aber Vorsicht, ohne ausreichende Vorbereitung sollte sich niemand dorthin begeben – hier ist es kein Vergnügen, vom Weg abzukommen.*

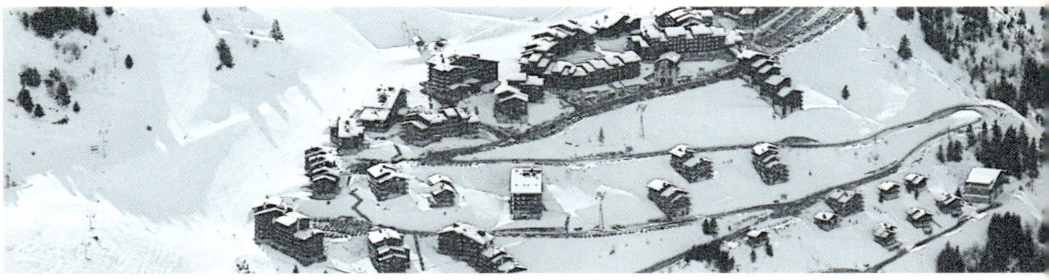

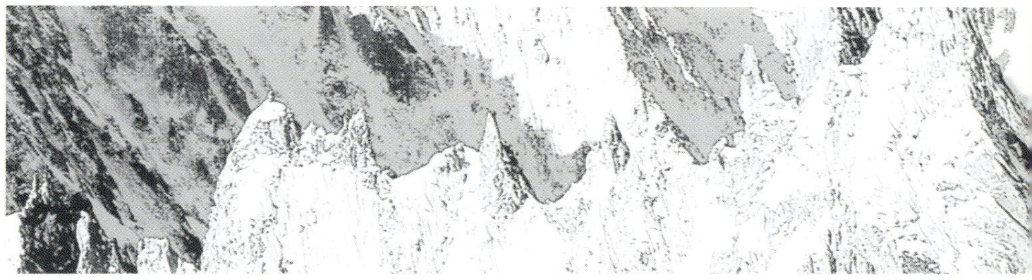

52 *Man sieht hier die pyramidenförmige Gestalt der Aiguille Verte (hier die Nordwand), die ihren Namen der grünlichen Farbe der Granitsteine verdankt.*

53 oben *Der 4808 m hoch liegende Gipfel des Montblanc ist der höchste Europas. Die Erstbesteigung, die Jacques Balmat, ein Bergführer aus Chamonix, und Michel Paccard am 8. 8. 1786 gelang, war ein riesiges Ereignis.*

53 Mitte rechts *Zur Aiguille du Midi gelangt man mit dem Sessellift: von der höchsten Station aus, hat man einen außergewöhnlichen Panoramablick auf das Tal von Chamonix, auf das man aus einer Höhe von 3000 m herabschaut.*

53 Mitte links *Der Grand Capucin ist einer der bekanntesten Gipfel des Montblanc du Tacul im Osten des Montblanc sowie des Mont Maudit.*

53 unten *Diese bescheidene Hütte, die auf einem Felsen stehend das Gleichgewicht hält, ist die im ganzen Montblanc-Massiv bekannte Schutzhütte Vallot. Sie rettete bereits vielen Alpinisten das Leben, die vom schlechten Wetter überrascht wurden.*

54–55 *Sonnenuntergang über dem Montblanc-Massiv.*

56–57 *Rund m Lourdes rollt das Pays de Bigorre seine fruchtbaren Wiesen und Felder mit den hübschen kleinen Dörfern wie einen Teppich aus.*

57 oben *Die Pyrenäen sind nicht so hoch wie die Alpen, doch sind sie eine beeindruckende natürliche Grenze. Jenseits liegt Spanien. Einst war für die Pilger auf dem Weg nach Santiago de Compostela die Überquerung über den Pass von Roncevaux eine gefürchtete Prüfung.*

56 unten und 57 unten *Das Massif du Canigou, von dem man hier den 2784 m hohen Gipfel sieht, liegt in den östlichen Pyrenäen. Die erste Besteigung geht auf das 13. Jahrhundert zurück. Er ist somit in den Pyrenäen, der am besten erforschte Berg, vielleicht auch der beliebteste. Wir sind im Land der Katalanen: Jeden Sommer, von der Nacht des 22. bis zum Morgengrauen des 24. Juni, feiern die französischen und die spanischen Katalanen auf die gleiche begeisterte Weise das Fest des heiligen Johannes, bei welchem der Canigou eine große Rolle spielt. Vom Gipfel aus hat man einen herrlichen Panoramablick bis zur Mittelmeerküste. Manch einer behauptet sogar den Gipfel an einem klaren Tag von Marseille aus gesehen zu haben (bei 250 km Luftlinie!).*

58–59 *Die Pyrenäenausläufer besitzen ein besonders zerklüftetes Relief mit abrupt abfallenden Hängen über tiefen Klammen. In den zugänglichen Teilen wurden viele Bergwiesen noch bis vor kurzem als Hochweiden genutzt.*

60 oben *Auf der französischen Seite der Pyrenäen liegen mehr als 500 Bergseen. Die Schönheit ihrer oftmals versteckten, stillen Wasser harmoniert mit dem fruchtbaren Grün der Umgebung.*

60–61 *In den tiefen Pyrenäentälern, zwischen denen es oft keine Verbindungi gibt, liegen kleine Dörfer, in denen traditionelle Lebensweisen lange erhalten blieben und teilweise heute noch praktiziert werden.*

61 unten *Diese auf dem Grat der Pyrenäen aufgestellten Windräder gehören zu einem neuen Energiesystem, von dem man hofft (doch oft ohne wirklich davon überzeugt zu sein), dass es in Zukunft eine wichtige Energiequelle darstellen wird.*

Dörfer und weites Land – eine Lebensart

62 *Cap Gris-Nez, zwischen Calais und Boulogne-sur-Mer, ist der westlichste Zipfel des Boulonnais – man ist hier weniger als 30 km von der englischen Küste entfernt (die man an klaren Tagen in der Ferne sehen kann). Durch den Getreide- und Rübenanbau befinden sich hier viele ausgedehnte Ackerflächen. Südlich, im Tal von Wimereux, wird ebenfalls gezüchtet: früher florierte hier die Zucht von Zugpferden, so genannte* Boulonnais.

63 *Das hübsche Dorf Najac erstreckt sich entlang des Ufers des Aveyron. Ferien auf dem Land haben ihren ganz eigenen Charme und erfreuen sich seit Jahren immer größerer Beliebtheit.*

64 oben Im Westen des Mont du Cantal, im Zentralmassiv, hat sich der 950 m hoch gelegene Marktflecken Salers aus seiner ruhmreichen Vergangenheit die gesamte Befestigungsmauer, sowie zahlreiche im 15. und 16. Jahrhundert erbaute, mit Türmchen verzierte Wohnhäuser bewahrt. Die umliegende Region, zwischen Aurillac und Saint-Flour, ist herrlich. Dort gibt es auch einen exzellenten Käse, den Cantal, den man jung, alt und je nach Geschmack auch mittelalt genießen kann.

65 unten An der Weinstraße im Elsass, zwischen Marlenheim (nördlich von Straßburg) und Thann (westlich von Mulhouse), stößt man auf hübsche Dörfer, die inmitten der Weinberge liegen, und deren Häuser blühende Balkone haben. Ein wahres Märchenland!

64–65 und 66–67 Von Montbéliard bis Besançon, am Fuße der ersten Ausläufer des französischen Juras, offenbart das Tal des Doubs seine unzähligen Windungen, in dessen Bögen sich Dörfer einschmiegen. Sie haben fast alle die für die Region typischen Kuppelkirchen. Der Name des Flusses spricht für sich: Doubs stammt von dem lateinischen dubius, was soviel wie „unentschlossen", „zögernd" heißt. Tatsächlich, der Doubs hat sich seinen Weg durch eine eigenwillige Landschaft gebahnt. Dabei zögert er immer wieder, wechselt die Richtung, und legt so eine Strecke von 400 km zurück, bevor er mit der Saône zusammenfließt, obwohl sie von seiner Quelle in Luftlinie nur 90 km entfernt ist!

__68 oben__ Im oberen Bildteil sieht man den Rocher de Dabo, eine Erhebung aus Sandstein, deren Name auf die mächtigen Grafen von Dabo zurückgeht, die im Mittelalter über die gesamte Region herrschten. Aus dieser aristokratischen Familie stammte auch der im 11. Jahrhundert lebende Papst Leo IX., der später zum heiligen Leo wurde. Ihm ist die auf dem Felsen erbaute Kapelle geweiht.

__68 unten__ Das Gebiet um Dabo und Wangenbourg, südlich von Saverne, markiert die Grenze zwischen Elsass und Lothringen. Es besitzt viele touristische Sehenswürdigkeiten: Mittelalterliche Schlösser, große Wälder, Berge am Horizont – alles lädt zu langen Spaziergängen ein.

__69__ In mehr als 700 m Höbe, inmitten des Waldes, der die von Colmar bis nach Saverne führende Weinstraße umgibt, erhebt die Burg Haut-Koenigsbourg aus dem 12. Jahrhundert ihre imposanten Mauern. Die gesamte Anlage wurde im Auftrag von Wilhelm II. von einem Berliner Architekten zu Beginn des 20. Jahrhundert sehr sorgfältig restauriert. Damals (1871–1918) waren das Elsass und ein Teil Lothringens nach dem Deutsch-Französischen Krieg wieder ans Deutsche Reich angegliedert worden.

__70__ Das von 10 m tiefen Wassergräben umgebene Schloss von Montmort-Lucy hat sich sein feudales Aussehen bewahrt. Genau wie das nahegelegene Montmirail, verbindet man das Schloss stark mit einer der größten Schlachten zu Beginn des Ersten Weltkrieges im Jahre 1914, der Marneschlacht. Hier verkündete General von Bülow, dass die Offensive der deutschen Armee gestoppt und diese zur Rückkehr gezwungen worden sei.

__71 oben__ Nahe den berühmten Weinbergen der Côte des Blancs in der Champagne liegt das im 17. Jahrhundert erbaute Château D'Étoges. Es ist von Wassergräben umgeben, die man auf einer hübschen, großen, direkt in den Innenhof führenden Brücke überschreiten kann.

__71 unten__ Das kleine viertürmige Schlösschen mit Spitzturmdächern ist alles, was von einer einst mächtigen Burg, die im Mittelalter von den Lebensberren von Dampierre erbaut wurde, übrig geblieben ist. Heute dient es als Eingang zu dem im Vordergrund liegenden Schloss, das wie die Parkanlage im klassizistischen Stil erbaut wurde, der im 17. Jahrhundert in Frankreich vorherrschte.

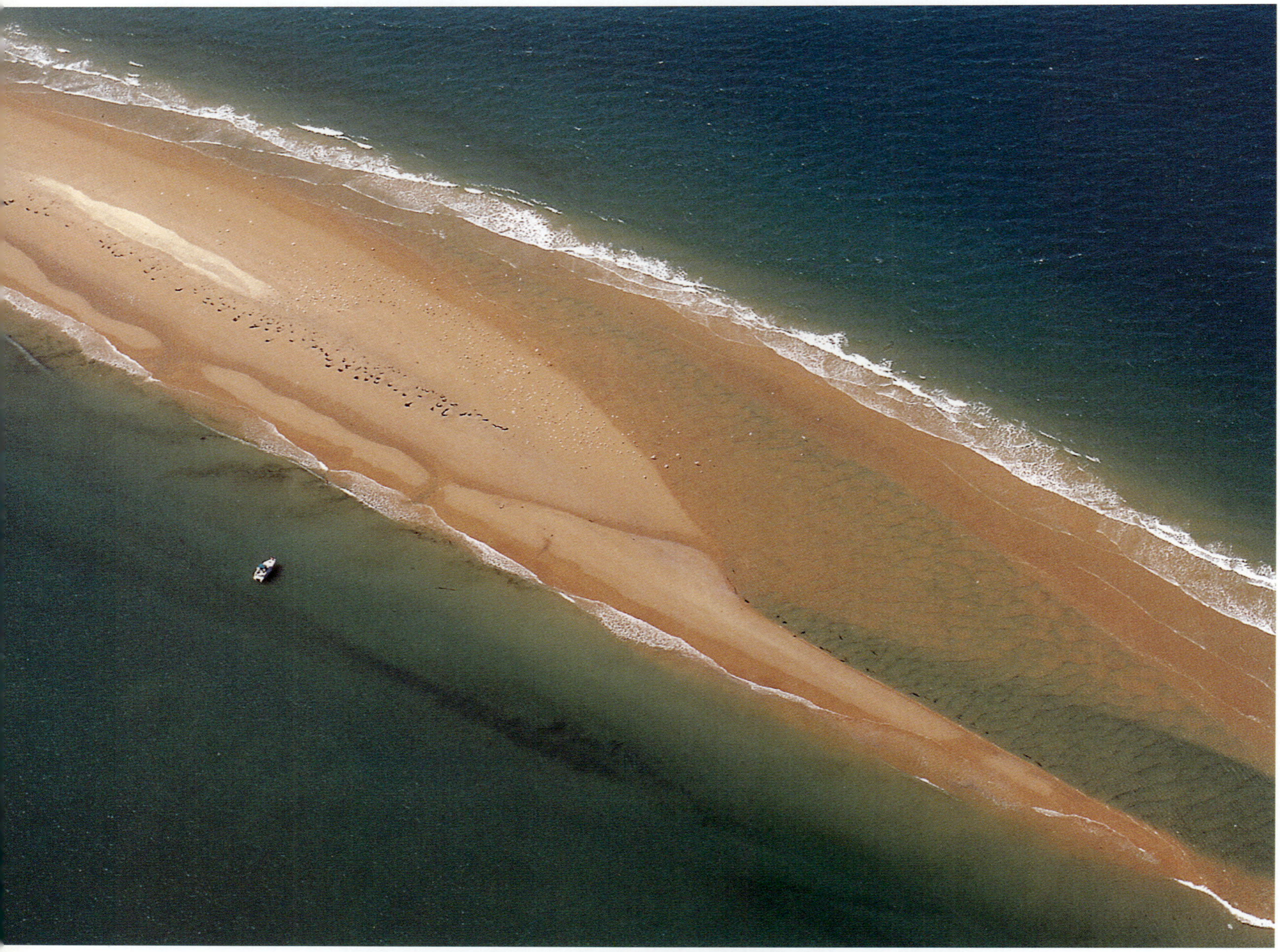

72 Die Küste zwischen Pointe de Grave und Hossegor ist bei Wellenreitern sehr beliebt. Hier, an der Atlantikküste, rollen große Wellen mit Wucht über Strände und Sandbänke. Im Hinterland liegen die weiten, schattenspendenden Pinienwälder der Landes, die gleichzeitig betörend und betäubend duften.

73 Die Gironde mit ihrer typischen Ockerfarbe. Der Mündungstrichter von Garonne und Dordogne erstreckt sich auf 75 km von Bordeaux bis zum Atlantik. Hier angelt man mit viereckigen Hängenetzen auf kleinen Booten oder von Plattformen aus, die entlang der Küste aufgestellt sind.

74 oben *Die Landzunge von Ambès liegt dort, wo Garonne und Dordogne zusammenfließen und die lange Trichtermündung der Gironde beginnt. Am linken Ufer des bis zu 10 km breiten Flusses liegen die Weinberge der weltberühmten Châteaux-Weine des Médoc, vom Margaux bis zum Saint-Estèphe. Es sind Weine mit einem zugleich kräftigen und feinen Bukett.*

74 unten *Der mit Ornamenten reich verzierte Leuchtturm von Cordouan steht seit mehr als 400 Jahren an der der Pointe de Grave, gegenüber der Mündung der Gironde, wo sich sein reich verzierter Turm erhebt. Er ist ein überraschendes Zeugnis – auch was den Standort angeht – der Baukunst der Renaissance an den unteren Teilen und des französischen Klassizismus in den oberen Teilen.*

74–75 *Zwischen der Landzunge von Ambès und Blaye liegen inmitten der schlammigen Mündung der Gironde einige große Inseln. Hier fahren täglich viele Frachtschiffe in Richtung Bordeaux vorbei.*

76 *Mit ihren Prachtstraßen und ausgedehnten, schattigen Plätzen breitet sich Agen am Ufer der Garonne aus. Die Stadt liegt inmitten einer fruchtbaren Region. Hier gibt es jede Art von Frühobst, und natürlich Pflaumen, aus denen die berühmten Dörrpflaumen von Agen fabrizierl werden.*

77 *Die Idee, einen Kanal zu bauen, der Mittelmeer und Atlantik verbindet, gab es bereits zu Zeiten der Römer. Im 17. Jahrhundert wurde dieser Traum dank der Hartnäckigkeit von Pierre-Paul Riquet Realität. Hier eine beeindruckende Aufnahme des Canal du Midi. Sein Bau benötigte 14 Jahre. Man kann sich vorstellen, dass die Übewindung der 240 km langen Strecke zwischen Toulouse und Sète mit großen Schwierigkeiten verbunden war. Aber Aquädukte, Kanalbrücken, unterirdische Tunnel, Schleusen und Staustufen zeugen von der großen Erfindungsgabe Riquets.*

78 Der große, 750 m lange Deich, der die Mündung der Rance in den Golf von Saint-Malo abgrenzt. Hier im Mündungstrichter steht ein Gezeitenkraftwerk, das den hohen Tidenhub nutzt. Es produziert ausreichend Strom für eine Stadt von der Größe Rennes.

79 Ballonfahrt über die Monts de Dômes mit ihren herrlichen Landschaften. Hoch über Clermont-Ferrand, in 1465 m Höhe, liegt der Puy de Dôme, der älteste und höchste Vulkan der Chaîne des Puys (mehr als 60 Vulkankegel liegen auf einer Länge von 30 km). Auf seinem Gipfel führte Pascal 1648 erste barometrische Experimente durch, in denen er bewies, dass der Luftdruck in der Höhe abnimmt.

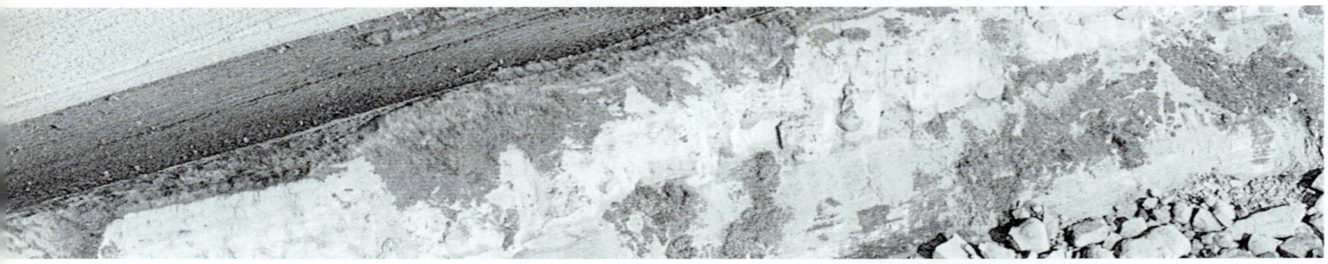

80–81 und 82–83
Ländliche Gegenden in der Haute-Normandie, im Pays de Caux am Rande des Meeres: Eine fruchtbare Region mit weiten Ebenen, in der Getreideanbau und Rinderzucht vorherrschen. Die Menschen leben in verstreut liegenden Weilern. Hier und dort findet man noch Reste von gepanzerten Befehlsständen aus Beton. Sie wurden von Deutschen während des Zweiten Weltkrieges im Rahmen des berühmten Atlantikwalls in Meernähe gebaut.
Im Pays de Caux dominiert das Ockergelb der Äcker, das zarte Grün der Raps- und Zuckerrübenpflanzen und das Grauweiß der schroffen Kreidefelsen.

84–85 und 85 unten
Weinberge und Gemüsegärten verwandeln das langgezogene Rhônetal in ein überquellendes Füllhorn. Auf der rechten Flussseite liegen zwischen Vienne und Tain l'Hermitage die in Terrassen angebauten Weinberge. Rund um Orange erstrecken sich die Weinhänge rechts und links des Flusses. Sie zählen zu den ältesten Weinbergen Frankreichs. Schon zu römischer Zeit wurden sie von den hier angesiedelten Veteranen der Römischen Legionen kultiviert. Die nach ihrer Herkunft benannten Côte-du-Rhône-Weine sind kräftig und großzügig wie die der Côte Rôtie oder noch mehr wie der Châteauneuf-du-Pape. Je näher man der Provence kommt, desto häufiger trifft man auf der linken Uferseite, zwischen dem Fluss und den ersten Ausläufern der Berge, auf Pfirsich-, Kirsch-, Pflaumen- und Aprikosenplantagen. Im Frühling erblüht das ganze Rhônetal zu einem Blütenmeer.

85 oben *Der Reichtum des Rhônetals geht nicht nur auf die Landwirtschaft zurück. Auch die Industrie der Region Rhône-Alpes zählt zu der führenden Frankreichs. Bei Donzère-Mondragon, in der Gegend von Pierrelatte und Bollêne, wo bereits ein großes Wasserkraftwerk liegt, wurde zusätzlich das Atomkraftwerk von Tricastin errichtet.*

86 oben *Im Herzen der Touraine ließ Ludwig XI. im 15. Jahrhundert das Schloss von Langeais erbauen, eine Burganlage im typischen Stil des späten Mittelalters. Es ist noch heute gut erhalten.*

86 unten *Auf einer hoch über der Loire liegenden Landspitze thront das Schloss von Saumur. Im 14. Jahrhundert erbaut und im 16. Jahrhundert verändert, ist es gleichzeitig mittelalterliche Festung und Lustschloss. Diesen Eindruck vermitteln die kantigen Türme mit ihren eleganten Fensterkreuzen und besonders der für das Pays de la Loire typische helle Stein.*

86–87 *Chambord in seiner ganzen Pracht ... Nicht nur die Schönheit der Architektur, auch die höchst königliche Lage beeindrucken einen hier zutiefst. Das Schloss ist umgeben von einem 500 Hektar großen Park. Hier kam die französische Jagdleidenschaft wahrlich nicht zu kurz. Um dem Ganzen noch die ihm würdigen und damals modernen Wasserläufe hinzuzufügen, kam Franz I. auf die Idee, die in Luftlinie 10 km enfernt liegende Loire umzuleiten: Doch begnügte er sich letztendlich damit, einen kleineren Fluss, den Cosson, in die Gestaltung einzubeziehen und zu begradigen.*

88 unten *Amboise an der Loire, dieser Ort beschwört die bewegte Geschichte der Renaissance herauf: Riesige Feste, die von Franz I., der hier seine Kindheit verbrachte, veranstaltet wurden, Erinnerungen an Leonardo da Vinci, der ganz in der Nähe, in Clos-Lucé, seine letzten Jahre verbrachte, aber auch Grausamkeiten, die im Namen der großen Religionskriege verübt wurden... Nichts scheint jedoch an einem schönen Sommer- oder Herbsttag die friedliche Stille an diesem herrlichen Ort stören zu können.*

88 oben *Das Schloss von Angers ließ Ludwig der Heilige im 13. Jahrhundert erbauen. Die Bewohner von Angers verbinden das Schloss jedoch mit ihrem „guten König Reni". Das Schloss erstreckt sich mit seinen 17 Rundtürmen über eine Länge von einem Kilometer hoch über der Maine. In den Innenhöfen liegen herrliche Gärten. Riesige Wassergräben umgeben die Türme und Mauern. Die Sanftheit der Gärten gleichen die Strenge der Festung aus.*

88–89 *Nicht weit von Angers entfernt liegt das wunderschöne Fürstenschloss von Serrant, eine gelungene Vereinigung von Renaissance und französischer Klassik. Die mittelalterlichen Türme und die Wassergräben haben nichts Kriegerisches mehr und scheinen nur noch der puren Sinneslust der Augen zu dienen.*

__90__ Hier war es überflüssig, den Fluss umzuleiten, wie dies etwa in Chambord getan wurde, schließlich liegt Chenonceaux mitten im Cher. In diesem Schloss, das zu Beginn des 16. Jahrhundert erbaut wurde, spielten vor allem Damen eine Rolle: Diane de Poitiers, die Lieblingsmätresse von König Heinrich II., Katharina von Médici, die Frau desselben und Königin von Frankreich, und noch einige andere Frauen haben diesen zauberhaften Ort, der zu den schönsten in Frankreich zählt, geprägt.

__91__ Die Rivalität zwischen Diane de Poitiers und Katharina von Médici zeigte sich selbst in der jeweiligen Gartengestaltung. Hier sieht man den Garten von Diane, mit den sternförmig angelegten Rasenflächen, auf der anderen Seite liegt der Garten der Katharina (zum Teil auf der vorhergehenden Abbildung zu sehen).

92–93 *Gelangt man von Süden kommend nach Chinon, hat man einen herrlichen Blick auf die beeindruckenden Ruinen der Befestigung, die sich über der Vienne und der Altstadt erheben. Chinon ist die Heimat von Rabelais und auch die des guten Weins („Wer immer Wein trinkt, stirbt nie“). Die Stadt erlebte ihre Blütezeit im Mittelalter. Hier verkündete Jeanne d'arc dem späteren Karl VII., dass er der gekrönte König Frankreichs sein und die Engländer endgültig aus Frankreich vertreiben würde. Heute ist Chinon eine kleine Stadt mit dem ganzen Charme der Touraine.*

93 oben *Eine andere königliche Stadt im Loiretal mit einer großen historischen Vergangenheit ist Blois. Das Schloss, dessen Mauern jetzt wieder so strahlend weiß wie einst sind, ist ein Meisterwerk der Baukunst der Renaissance. Die von Franz I. an die Fassade angebaute, mit verzierten Balkonen bestückte große Treppe ist ein Meistenverk.*

93 unten *Das Tal der Loire ist reich an Schlössern jeder Stilrichtung: Im Mittelalter baute man mächtige Festungen, in der Renaissance folgten Lustschlösser, die einzig dem Vergnügen dienten und von großen Park- und Gartenflächen umgeben waren.*

94 oben *Die schlammhaltigen Böden der ausgedehnten Ebenen von Becauce sind besonders fruchtbar: Auf Tausenden von Hektar werden Weizen, Mais und Raps angebaut.*

94 unten *Rund um Orléans stehen noch Reste des riesigen Waldes, in dem Frankreichs Könige einst gerne jagen gingen. Die Aufnahme zeigt eindrucksvoll ein von riesigen Wäldern eingefasstes Bauernhaus mit seinen kultivierten Feldern.*

94–95 *Die Landschaft um Beauce: Soweit das Auge reicht kein Baum, nur gepflügte oder grünende Felder. Die in der Bildmitte liegenden Häuser scheinen in diesem Dorf so dicht zusammenzustehen, um möglichst keinen kultivierbaren Boden zu verlieren.*

96–97 *Diese Landschaft, die sich von der vorher beschriebenen ganz und gar unterscheidet, findet man vor allem im Westen oder im Zentrum von Frankreich: Unterschiedlich große Landparzellen, dazwischen hier und da eine Baumgruppe, kleine, verschlungene Wege… Das bescheidene Gebäude des Bauernhauses erweckt jedoch falsche Vorstellungen: Heute ist kaum noch Platz für solche kleinen Betriebe in der modernen Landwirtschaft.*

98 oben *Cagnes-sur-Mer, liegt inmitten von sonnenverwöhnten Oliven- und Palmenhainen an der Côte-d'Azur. Die wunderbaren Lichtverhältnisse haben immer wieder Maler in ihren Bann gezogen: Auch Renoir, dem ein Museum gewidmet wurde, verbrachte hier seine letzten Tage. In die hier zu sehende Oberstadt, mit ihren kleinen Gässchen und den malerischen Treppen, gelangt man über die Montée de la Bourgade, die „Dorf-Hauptstraße".*

98 unten *Seit den 1920er Jahren, als Saint-Paul-de-Vence viele Künstler empfangen hat, die lange, manchmal für immer blieben, hat es sich zu einem beliebten Künstlerorl der Côte d'Azur entwickelt. Davon zeugt unter anderem das prächtige Museum der Maeght-Stiftung, das auf dem Hügel Gardettes, ein wenig außerhalb des Ort es liegt.*

98–99 *Die im 16. Jahrhundert von Franz I. in Saint-Paul-de-Vence errichteten Schutzmauern sind fast vollständig erhalten. Man sieht sie deutlich am unteren Bildrand. In der Bildmitte liegt der viereckige Turm des Bergfrieds gegenüber der mit einem Glockenturm ausgestatteten gotischen Kirche. Links und rechts der durch das ganze Dorf verlaufenden Grand Rue haben sich alle Arten von Künstlern angesiedelt und viele Ateliers und Antiquitätenläden eröffnet.*

100 Wie ein Adlerhorst liegt dieses Dorf auf einem Hügel im Land der Albigenser. Daher hat der Ort auch seinen hübschen Namen, Cordes-sur-Ciel, „Cordes im Himmel". Zahlreiche Überreste der beiden einstigen Befestigungsringe, die die mittelalterliche Festung aus dem 13. Jahrhundert umgaben, sind z. T. erhalten: Schutzwälle, Türme und befestigte Brücken.

101 Erst in unserer Zeit konnte Cordes einen Teil seines einstigen Wohlstandes wiedererlangen. Nach dem Zweiten Weltkrieg ließen sich zahlreiche Handwerker hier nieder, die der alten Stadt mit ihren gewundenen, jäh ansteigenden Gässchen und gotischen Häusern wieder Leben einhauchten.

VENI
SANCTE
SPIRITUS

103 Mitte *Die Chaîne de Puys, südlich von Clermont-Ferrand bietet mit ihren erloschenen Vulkanen einen imposanten Anblick. Es gibt wenig, was die Schönheit ihrer ursprünglichen Landschaft mehr zur Geltung bringt, als eine Fahrt im Fesselballon.*

103 unten rechts *Jedes Jahr begleiten Millionen von Pilgern ihre Kranken zu der Quelle, die einst unter den Händen von Bernadette zu fließen begann.*

104–105 *Die beeindruckenden Ruinen der Festung Baux-de-Provence zwischen Avignon und Arles, ein Ort mit bewegter Vergangenheit. Einst zählte sie bis zu 4000 Einwohner. Die Lebensherren behaupteten, von einem der Heiligen Drei Könige abzustammen ... Durch Kunsthandwerker, die sich hier niedergelassen haben und durch den großen Bestand an Weinbergen herrscht inzwischen wieder reges Leben im Dorf.*

102 *Lourdes, im Herzen der einstigen Grafschaft Bigorre gelegen, ist seit rund 100 Jahren ein in der ganzen Welt bekannter Wallfahrtsort. Hier sieht man die am Ufer des Gave de Pau im Jahre 1871 errichtete Basilika. Sie steht auf der Höhe der Grotte von Massabielle, in der dem Hirtenmädchen Bernadette Soubirous 1858 die Jungfrau erschienen sein soll.*

103 oben *Man kann sich tagelang im Périgord und im Quercy aufhalten, ohne die zahlreichen touristischen Sehenswürdigkeiten alle besucht und genossen zu haben: schwindelerregende Schluchten wie in Padirac, Grotten mit außergewöhnlichen Felsmalereien, wie in Lascaux, oder Festungen an imposanten Plätzen, wie hier das Schloss von Beynac, das hoch über dem Tal der Dordogne liegt. Und nicht zuletzt verlockt die delikate Küche: Trüffel, Entenleber, Gänseconfit ...*

__106__ Farben des Midi: In der in der sengenden Sonne liegenden Landschaft der Südwestküste rund um die Stadt Carcassonne herrschen Ockerfarben und die verschiedensten Grüntöne vor. Hier sind die Sommer garantiert heiß und trocken.

__107__ Von den Ebenen des Bas-Languedoc (wie hier) bis zu den Tälern des Corbières, zwischen Narbonne und Perpignan, ist der Weinanbau die Haupteinnahmequelle. Bis vor kurzem war die Quantität maßgeblich, doch seit einigen Jahren hat man viel unternommen, um auch die Qualität zu steigern und die Resultate sind bereits sehr bemerkenswert.

__108–109__ Ein ungleichmäßiges Mosaik aus Feldern, das unglaubliche Patchwork der provenzalischen Landschaft mit ihren extrem unterschiedlichen Anbaukulturen, Die eigenwilligen Begrenzungen erinnern uns daran, dass kleine Landeinheiten und Parzellen lange Zeit in der französischen Landwirtschaft vorherrschend gewesen sind.

Städte im Spiegel der Geschichte

110 *Die ganze Pracht der Kathedrale Notre-Dame-de-Paris, die auf der Île-de-la-Cité steht, breitet sich vor einem aus, wenn man vom Vorplatz aus die herrliche Fassade auf sich wirken lässt: die riesige Rosette, die Königsgalerie und die drei, mit einer Vielzahl von Statuen verzierten Portale. Das gesamte geistige Universum der Religion und der Politik des Mittelalters wird hier in einer Art „Steinbibel" dargestellt, um an das schöne Bild zu erinnern, das Victor Hugo in seinem berühmten Roman „Der Glöckner von Notre-Dame" prägte.*

111 *Aus der Luft betrachtet, sieht man deutlich den kreuzförmigen Grundriss: Über der Vierung erbebt sich die mit Ornamenten geschmückte Turmspitze von Notre-Dame-de-Paris. Bewundernswert sind auch die außergewöhnlich filigranen Strebebögen, die das Deckengewölbe der Kathedrale stützen.*

112 rechts oben *Das während der Pariser Kommune 1871 abgebrannte Hôtel de Ville wurde am selben Platz wieder aufgebaut. Der Hauptteil der jetzigen Fassade ist eine originalgetreue Reproduktion der alten, die aus der Renaissance datiert.*

112 Mitte und links unten *Es ist ein besonders schöner Zeitvertreib, die Champs-Élysées bis zur Place d' Étoile hinauszugehen und dann wieder durch die Seitenalleen mit ihren zahlreichen Luxusboutiquen, den teuren Restaurants und Kinos hinabzuschlendern. Der in der Bildmitte liegende, begrünte Kreisverkehr ist mit den englischen Gärten, die zur Place de la Concorde führen, verbunden.*

113 *Die im Innenhof des Louvre von I. M. Pei konstruierte große Glaspyramide ist bereits über zehn Jahre alt. Genauso wie früher beim Bau des Eiffelturms, hat auch diese Kombination von alter und moderner Architektur viel Diskussionen hervorgerufen. Das Foto zeigt wie perfekt diese Pyramide in die geometrische Anordnung des Hofes integriert ist.*

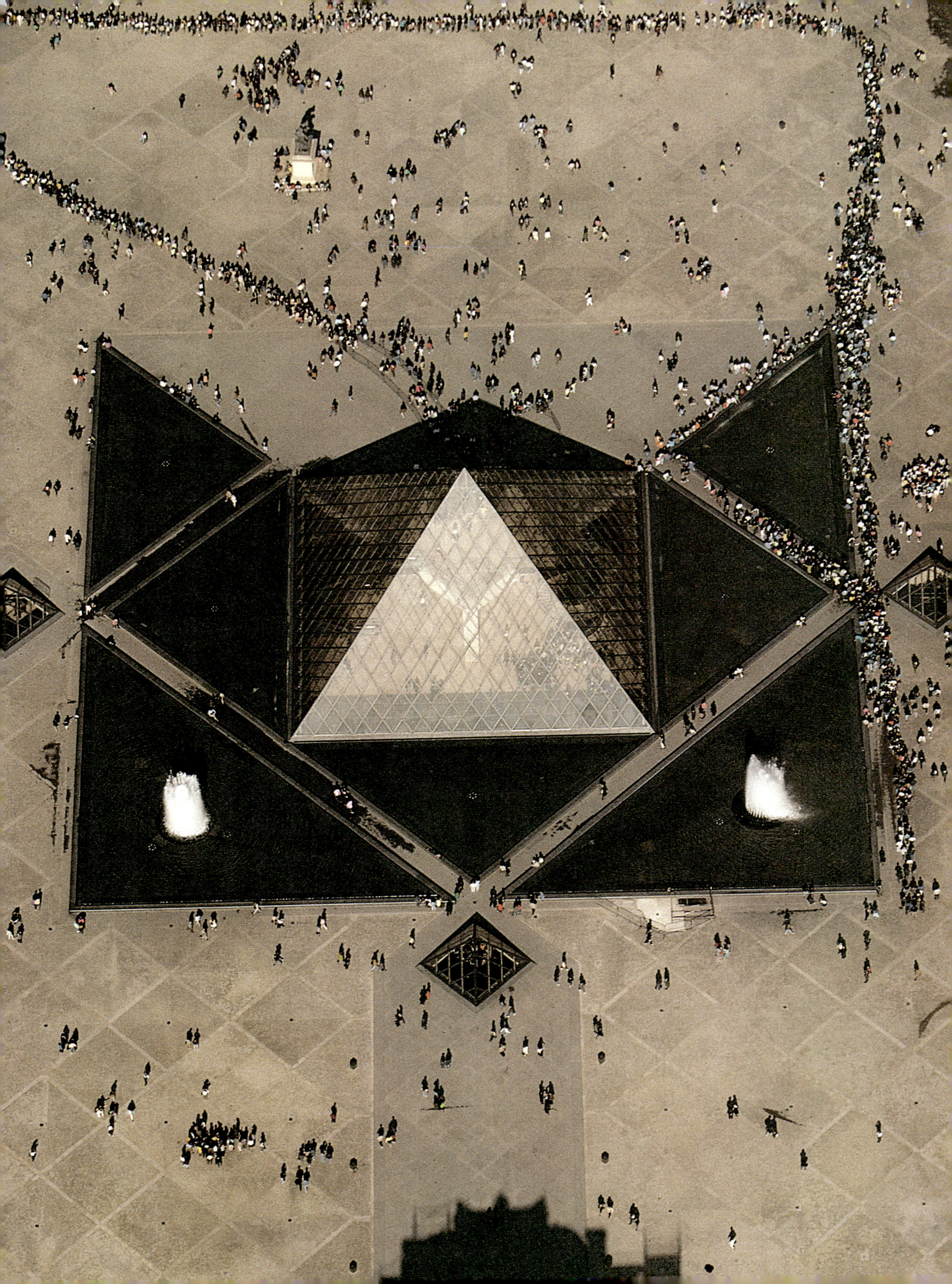

114–115 *Es war ein gewagtes Unternehmen, das Centre Georges Pompidou mit seiner wahrlich avantgardistischen Architektur inmitten eines der ältesten Viertel von Paris zu errichten. Doch wer wagt, gewinnt! Der Zulauf hat alle Erwartungen übertroffen. Jedes Jahr kommen Millionen von Touristen, um die Ausstellungen des Musée National d'Art Moderne, dem Nationalen Museum für Moderne Kunst, und die anderen vielfältigen kulturellen Angebote – Kino, Vorträge oder Konzerte zeitgenössischer Musik – zu besuchen.*

115 oben *Ein weiteres Highlight zeitgenössischen Städtebaus: Am Rande der Place de la Bastille, deren Name genügt, um die berühmteste Episode der Französischen Revolution wieder erstehen zu lassen, steht die Neue Oper.*

115 unten *Das Viertel La Défense, im Westen von Paris, ist ein gelungenes Beispiel modernen Städtebaus: Es ist ein kombiniertes Wohn- und Geschäftsviertel, in dem die größten internationalen Firmen ihre Büros haben. Die Basis des ganzen Konzeptes ist eine riesige Fußgängerzone, unter der Parkplätze, Bahnhöfe, Busfahrspuren etc. angelegt wurden. Der futuristische Charakter dieser Gestaltung wird besonders sichtbar in der Grande Arche, einem riesigen eckigen Bogen, der mit Glas und edlem Carraramarmor verkleidet ist.*

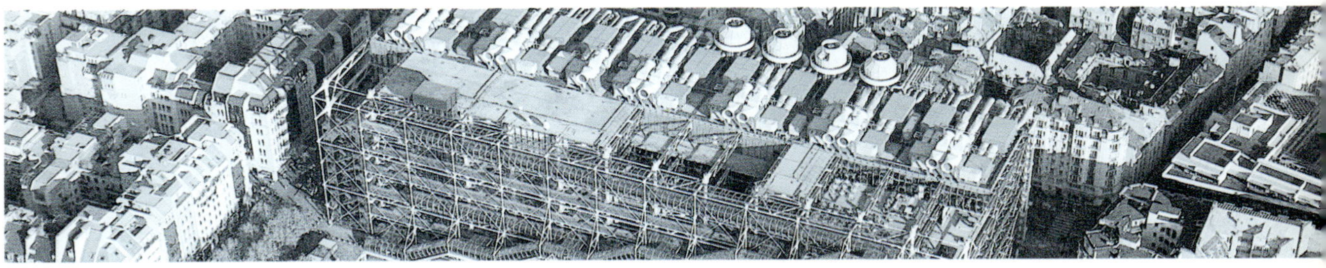

116 Mit seiner Befestigungsmauer, seinen Bastionen und Forts, die aus der Halbinsel eine fast uneinnehmbare Festung gemacht haben, ist Saint-Malo das Paradebeispiel einer französischen Hafenstadt, die der Treffpunkt der Seeleute und ein Schlupfwinkel für Freibeuter war. Hier wurden so berühmte Leute wie Jaques Cartier, der Kanada entdeckte, und Chateaubriand, der große französische Schriftsteller der Romantik geboren. Letzterer wurde au der nahen kleinen Insel Grand Bé begraben.

117 Bei den heftigen Befreiungskämpfen wurde Saint-Malo im August 1944, mit Ausnahme seiner Befestigungsmauern, fast vollständig zerstört. Die Altstadt wurde orginalgetreu wieder aufgebaut. Hier sehen wir das gelungene Ergebnis: In der Bildmitte die Kathedrale Saint-Vincent, die Grande-Rue und das große Stadttor mit seinen zwei Türmen.

118 *Der touristische Erfolg von Touquet mit seinem zwischen Boulogne-sur-Mer und der Baie de Somme gelegenen riesigen Strand geht auf das 19. Jahrhundert zurück. Hier findet jedes Jahr Mitte Februar das berühmte Enduro-Rennen „Enduro des sables" statt.*

118–119 *Calais ist sicherlich eher wegen seines Hafens, als wegen seines Strandlebens bekannt. Nichtsdestotrotz wurde westlich des Hafeneingangs ein ausgedehnter Strand angelegt. Der nahe gelegene Deich lädt zu Spaziergängen ein.*

119 oben *Calais liegt rund 40 km von der englischen Küste entfernt und ist seit langem der bevorzugte Handelshafen der Briten. Er ist auch führend, was den Reiseverkehr betrifft: Die Fähren auf der Linie Calais-Dover befördern jährlich Millionen von Passagieren.*

119 unten *Gemeinsam mit Calais besitzt Dunkerque den größten Hafen Nordfrankreichs. Gegenüber vom Handelshafen sieht man das Hôtel de Ville und seinen zentralen Glockenturm. Im Hafenbecken liegen die Freizeitboote. Die großen, nördlich der Stadt gelegenen Sanddünen waren 1940 Schauplatz des dramatischen Rückzugs der englischen Truppen unter dem Bombenhagel der deutschen Luftwaffe.*

120–121 *Im Gewirr der Autobahnauffahrten und ihrer Zubringer fahren die Lastwagen aus ganz Europa zum Terminal von Calais, um von hier aus über den Ärmelkanal zu setzen.*

Sitra

FTL
FIRST TRANSPORT LINES

Calais 6
Calais 5

__122 oben__ Ungefähr 100 km von der Seinemündung entfernt liegt der große See- und Binnenhafen von Rouen, einer großen Industrie- und Hauptstadt der Haute-Normandie. Die Altstadt am rechten Flussufer wurde hervorragend restauriert und die Kathedrale ist mit Recht als eines der schönsten Bauwerke der französischen Gotik bekannt.

__122–123__ Großaufnahme der Hafenanlagen von Calais, dem wichtigsten Hafen für den Reiseverkehr und den Handel. Links sieht man das Hafenbecken, das bei Flut riesige, mit den unterschiedlichsten Waren beladene Frachtschiffe aufnehmen kann.

__123 oben und unten__ La Grande-Place in Arras, mit herrlichen Arkadengängen an den Häuserfassaden, die für die flämische Bauweise des 17. und 18. Jahrhunderts typisch sind. Im gleichen Stil ist auch das Hôtel de Ville mit seinem 75 m hohen Rathausturm gebaut (unteres Foto). Die im Mittelalter sehr wohlhabende Stadt wurde im Ersten Weltkrieg stark in Mitleidenschaft gezogen. Arras ist die Geburtsstadt von Robespierre, einer der bekanntesten Persönlichkeiten der Französischen Revolution. Er wurde hier 1758 geboren.

__124 oben__ An den Ufern der Meurthe, nahe bei Nancy, liegt Saint-Nicolas-du-Port. In der kleinen Industriestadt steht diese herrliche, im Flamboyantstil der späten Gotik errichtete Basilika. Sie war im Mittelalter eine wichtige Wallfahrtskirche.

__124 Mitte__ Nantes, die ehemalige Hauptstadt der Herzöge der Bretagne, ist eine große, am Beginn der Loiremündung gelegene Hafenstadt mit einem besonderen Charme. Sie gefiel daher beispielsweise dem surrealistischen SchriftstellerAndré Breton.

__124 unten__ Nancy, die einstige Hauptstadt der Herzöge von Lothringen, deren Palast heute ein umfassendes historisches Museum beherbergt, ist eine große und schöne Stadt mit vielen Denkmälern. Unterhalb der Basilika Saint-Epvre, nicht weit vom berühmten Stanislaus-Platz mit seinen vergoldeten Kunstschmiedegittern entfernt, liegt die Place de la Carrière, die durch klassische Proportionen besticht. Hier wurden früher Übungen und Paraden mit Pferden abgehalten.

__125__ Chartres und besonders seine Kathedrale ist ein Meisterwerk der gotischen Architektur. Betritt man sie, wird man ganz in ihren Bann gezogen. Geradezu physisch empfindet der Besucher die enorme Monumentalität des Raumes, in den er eingetreten ist – ein Raum mit unzähligen Personendarstellungen, davon alleine 5000 in den Fenstern der Kathedrale.

126 oben *Wegen ihrer riesigen Anzahl von Statuen ist die Fassade der Kathedrale von Reims sicher eine der schönsten Frankreichs. Auch die Königsgalerie, unterhalb der Rosette, die drei Portale – für jedes Schiff eines – sind mit vielen der wichtigsten Persönlichkeiten des Alten und Neuen Testamentes ausgeschmückt. Am rechten Potial steht der berühmte „lächelnde Engel", der einen immer wieder neu mit seinem zarten Lächeln bezaubert.*

126 unten und 126–127 *Reims ist nicht nur eine Stadt der Kunst, sie ist auch eine große moderne Stadt und zusammen mit Épernay die Hauptstadt der Champagne: Pommery, Veuve Clicquot-Ponsardin, Taittinger, Piper-Heidsieck, Mumm, Ruinart, Moët et Chandon – alles Namen mit Weltruf. Als Besucher hat man die Möglichkeit, die auf Tausenden von Hektar ausgebreiteten Weinberge der Umgebung zu durchwandern. Auch in Reims selbst, im Viertel Champ de Mars und an den Hügeln Saint-Nicolas, sind riesige Keller zu besichtigen. Viele der Champagnermarken gibt es bereits seit dem 13. Jahrbundert.*

128–129 *Die größte der französischen Atlantikinseln ist die Île d'Oléron. Hierhin fährt man mit der Familie, zum Sonnenbaden, um die salzige Luft des Atlantik zu schmecken, wegen der schönen Sandstrände von Saint-Trojan und der Pinienwälder. Hier sieht man das Château d'Oléron, eine ehemalige Festung, die von Ludwig XIV. dazu bestimmt war, die Mündung der Charente zu verteidigen.*

130–131 *Dieser herrliche Blick auf den alten Hafen zeugt davon, dass La Rochelle eine der schönsten Städte an der Atlantikküste ist. Es ist herrlich, im Sommer hier entlang den Kais zu flanieren, vorbei an den am Eingang des alten Hafens liegenden Türmen und durch die von Arkaden gesäumten Straßen des Zentrums. Die Belagerung der protestantischen Stadt von 1627 bis 1628 unter Richelieu, gehört zu den dramatischsten Ereignissen dieses blutigen Bürgerkriegs in Frankreich.*

132 oben *Vor La Rochelle liegt die Insel Île de Ré, die mit dem Festland durch eine Brücke verbunden ist, ein beliebtes Sommerreiseziel. Wegen der niedrigen, strahlend weißen Häuser auch Île blanche, „weiße Insel", genannt, lädt sie mit großen Sandstränden zum Sonnenbaden ein. Auch die ehemaligen Salzfelder und die Pinienwälder bieten sich für Spaziergänge an. Die von Vauban ausgebaute Festung ist hier wunderbar zu sehen.*

132 unten *Der kleine Ort Ars-en-Ré auf der Île de Ré, diente mit seinem Glockenturm einst den Schiffen als Orientierung.*

133 *Der Hafen von Saint-Martin-de-Ré. Freizeitboote haben die großen Segelschiffe ersetzt, die hier früher das Salz und den Wein der Insel abtransportierten.*

134–135 *Am Fuße der Pyrenäenausläufer, nahe der spanischen Grenze, liegt Collioure, der schönste katalanische Hafen der Côte Vermeille: Die Farbkontraste und die Farbintensität – das Rot der Dächer, das Blau des Himmels und des Meeres, das Grün der Blätter – haben hier ihren ganz besonderen Reiz.*

136–137 Bordeaux nimmt unter Frankreichs Großstädten einen besonderen Platz ein: Sie liegt im Südwesten, der allerdings nichts gemeinsam hat mit dem mediterranen französischen Süden, dem Midi. Hier besitzt man ein traditionelles Misstrauen gegenüber Zentralismus und absolutem Autoritätsanspruch, hier gibt es eine jahrhundertealte Tradition, sich nach England und Amerika auszurichten und eine ganz besondere Lebensart, die der außergewöhnlichen Qualität der hier gekelterten Weine entspricht. Bordeaux war für Stendhal „die schönste Stadt Frankreichs“.

137 oben und unten
Besançon liegt in einer Windung des Doubs auf beiden Seiten des Flusses, der an dieser Stelle von einem riesigen Felsen überragt wird. Die im 17. Jahrhundert erbaute Zitadelle erinnert noch heute daran, dass dies lange Zeit ein strategisch wichtiger Ort war. Zum Wohlstand der Stadt haben früher die Uhrenindustrie sowie die Herstellung der hier im 19. Jahrhundert erfundenen Kunstseide, beigetragen.

138 oben *Die „gedeckten Brücken", Les Ponts Couverts, aus dem 14. Jahrhundert., überqueren in Straßburg die Ill. Hier befindet sich „La Petite France", das einstige Viertel der Fischer, Gerber und Müller. Die Türme gehörten zur mittelalterlichen Befestigungsmauer.*

138–139 *Blick auf Straßburg, das auf einer Insel zwischen zwei Armen der am rechten und linken Bildrand zu sehenden Ill errichtet wurde. Im Vordergrund sieht man die drei Ponts Couverts (früher waren sie wirklich mit Dächern versehen) und das Viertel „La Petite France".*

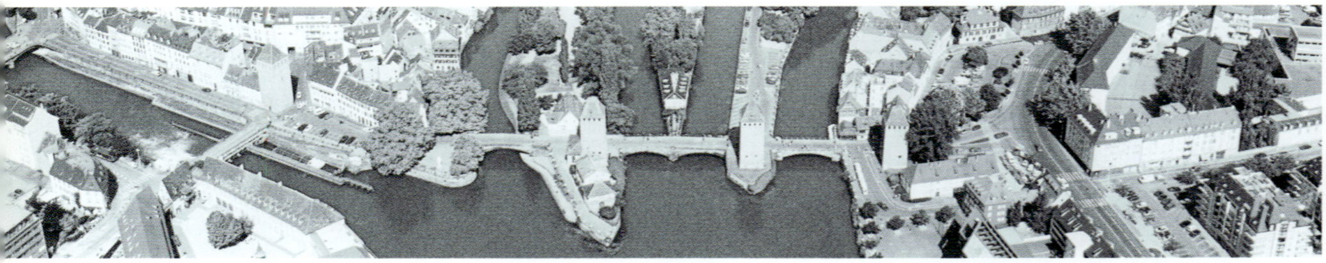

138 unten *Das mit nur einem Turm versehene Straßburger Münster besitzt einen ganz besonderen Charme. An der restaurierten Westfassade und dem Portal des südlichen Querschiffs kann man zahlreiche Skulpturen bewundern, die zu den bedeutendsten der damaligen Bildhauerkunst gehören.*

139 oben *Zusammen mit Brüssel und Luxemburg ist Straßburg eine der Hauptstädte des modernen Europa. Hier befinden sich der Sitz des Europaparlamentes sowie viele weitere europäische Institutionen.*

140–141 *Chalon-sur-Saône ist ein echter Binnenhafen, der am Zusammenfluss der Saône und dem Canal du Centre liegt. In Chalon kreuzen sich außerdem zahlreiche Handelsstraßen. Die Insel im Vordergrund mit ihren alten, um die Kathedrale Saint-Vincent gruppierten Häusern, gehört zu den schönsten Vierteln der Stadt.*

141 unten *In Château-Thierry im Marnetal wurde Jean de La Fontaine, der unsterbliche Autor der berühmten Fabeln geboren. Ihm wurde in einem ehemaligen Stadtpalais ein Museum gewidmet. Er lebte nicht weit davon entfernt an der Grande Rue, die sich den Berg hinaufwindet.*

141 oben *Im Sommer, auf der Autoroute du Soleil, der „Sonnenautobahn", in Richtung Provence und Côte d'Azur, hat der ungeduldige Urlauber nach Valence, dessen Zentrum hier zu sehen ist, endlich das Gefühl, im Midi angekommen zu sein.*

142-143 *Cahors in seiner ganzen Pracht. Die Stadt liegt in einer Schleife des Lot und war deshalb lange Zeit fast uneinnehmbar. Links im Bild erkennt man die Pont Valentré, eine Brücke mit drei hohen Türmen aus dem 14. Jahrhundert, von denen aus man den Flussverkehr überwachen konnte.*

144–145 *Vienne – an den Ufern der Rhône: Hier erzeugt das Licht eine besondere Tiefenwirkung. Vienne ist eine alte Stadt mit Wurzeln bis in gallo-römische Zeiten. Es gibt noch zahlreiche Zeugnisse aus jener Periode zu besichtigen. Das heute ganz freigelegte antike Theater konnte bis zu 14 000 Zuschauer fassen. Jetzt findet dort jeden Sommer ein renommiertes Jazz-Festival statt. Die Stadt besitzt aber auch eine frühe christliche Tradition. Auf der Höhe der Hängebrücke ist die ehemalige Kathedrale Saint-Maurice zu sehen, die romanische und gotische Stilelemente harmonisch vereint.*

145 oben *Le Creusot, das am Ufer des breiten Canal du Centre liegt und südlich und östlich von Seen gesäumt wird, war lange Zeit eine der Vorzeigestädte der Eisen- und Metallindustrie Frankreichs. Daran erinnert heute ein riesiger Fallhammer, der in Form eines Denkmals an einer Kreuzung steht. Heute sind die Hochöfen zwar erloschen, aber die Stadt ist noch immer ein wichtiges Industriezentrum am nordöstlichen Rand des Zentralmassivs.*

146–147 *Carcassonne, die größte befestigte Stadt in Europa, ist beeindruckend: Hier fühlt man sich von einer Sekunde auf die andere ins Mittelalter versetzt. Das ist größtenteils der außergewöhnlich guten Restaurierung von Viollet-le-Duc zu verdanken, die er im 19. Jahrhundert mit einer beispielhaften historischen Detailtreue durchgeführt hat.*

144 unten und 145 unten *Von zwei Blickwinkeln aus gesehen: Die Inselspitze von Chalon-sur-Saône mit dem Tour de Doyenné und dem großen Krankenhaus, von dem ein Großteil im 17. Jahrhundert errichtet wurde.*

148 oben rechts *Die herrlich bunten, glasierten Ziegeldächer sind eine Besonderheit von Dijon und der umliegenden Region. Man sieht hier als schönes Beispiel die Kathedrale Saint-Bénigne, eine ehemalige Abtei im typischen gotischen Baustil des Burgund.*

148 Mitte *Nicht weit vom ehemaligen Palais der Herzöge von Burgund entfernt liegt Saint-Michel. Die Kirche wurde Ende des 15. Jahrhundert begonnen und erst ein Jahrhundert später vollendet. Der Baustil der ersten Bauphase, der Spätgotik, ist vorwiegend im Inneren der Kirche, rund um den beeindruckenden Chor sichtbar.*

148 unten links *Hier sieht man die imposante Fassade der Kirche Saint-Philibert, die nahe der Kathedrale Saint-Bénigne steht. Ihr Bau geht auf das 12. Jahrhundert zurück.*

149 *Das Palais der Herzöge liegt gegenüber vom Place de Mansart, der nach dem Baumeister benannt ist, der an der Planung des Palais mitgewirkt hat. Heute beherbergt das Palais ein bedeutendes Museum der Modernen Kunst. Dijon ist die Hauptstadt des Burgund und der Côte d'Or. Diese Region ist vor allem durch ihre Weinberge wohlhabend geworden. Es lohnt sich in jeder Hinsicht, dieser ansehnlichen Stadt einen Besuch abzustatten.*

151 oben *Der andere bekannte Kur- und Erholungsort am Genfer See ist Évian-les-Bains. Die Stadt ist mondäner und berühmter als Thonon-les-Bains. Außerdem ist das Mineralwasser aus Évian landläufig bekannt für seine therapeutischen Eigenschaften.*

151 Mitte *In der Kirche Saint-Hippolyte von Thonon predigte der heilige Franz von Sales am Ende des 16. Jahrhunderts, um die zum Protestantismus übergegangene Region wieder der katholischen Kirche zurückzuführen.*

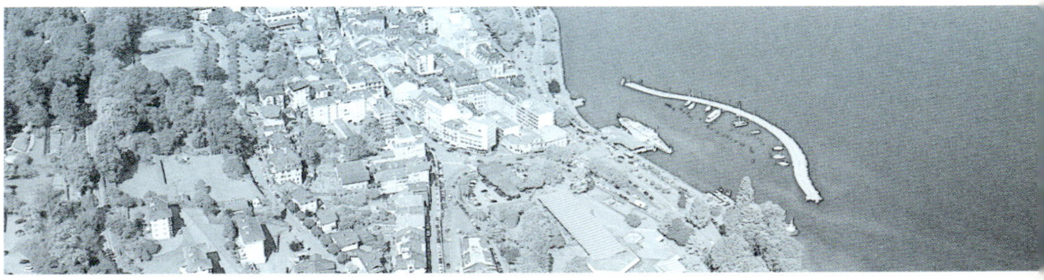

151 unten *Lotient im Süden der Bretagne diente lange Zeit als Basis für U-Boote. Im Zweiten Weltkrieg wurde Lorient völlig zerstört. Beim Wiederaufbau wurden einige Beispiele moderner Architektur verwirklicht, wie die Kirche Saint-Louis oder das Maison de la Mer.*

152–153 *Dort wo die Rhône an Avignon vorbeifließt, schmückt sich das Tal ganz mit den Farben der Provence. Die Brücke aus dem Lied „Sur le pont d'Avignon…“ ist hier deutlich zu sehen, sie endet mitten im Fluss. Der Papstpalast dient jedes Jahr im Sommer als prächtige Kulisse für die großartigsten Darbietungen des Theater-Festivals, an dem eine Vielzahl von bekannten und unbekannten Theatertruppen teilnehmen.*

150 *Auf einer Terrasse über dem Genfer See liegt Thonon-les-Bains, ein Thermal- und Luftkurort, in dem Nieren- und Blasenerkrankungen behandelt werden. Man kann die kleine Stadt aber auch besuchen, um sich dort eine Weile zu erholen oder um die entzückenden Gärten und die herrliche umliegende Natur zu genießen. Auf der gegenüberliegenden Seeseite ist die Schweiz zu erkennen.*

154–155 *Im Herzen der Camargue liegt Saintes-Maries-de-la-Mer, ein Wallfahrtsort der Zigeuner. Sie kommen jedes Jahr im Mai zu Ehren ihrer Schutzpatronin Sara hierher. Sie war die schwarze Dienerin von Maria Jakobäa, Schwester der Mutter Gottes, und von Maria Salome, Mutter der Apostel Johannes und Jakobus. Die Frauen flohen nach dem Tode Christi in die Camargue, um Schutz zu suchen.*

155 oben *In der befestigten Kirche werden die Reliquienschreine der drei Heiligen sowie das blaue Schiffchen, das alljährlich zum Meer getragen wird, aufbewahrt.*

155 unten *Stierkämpfe gehören zur Tradition der Camargue. Auch Saintes-Maries-de-la-Mer hat seine Arena.*

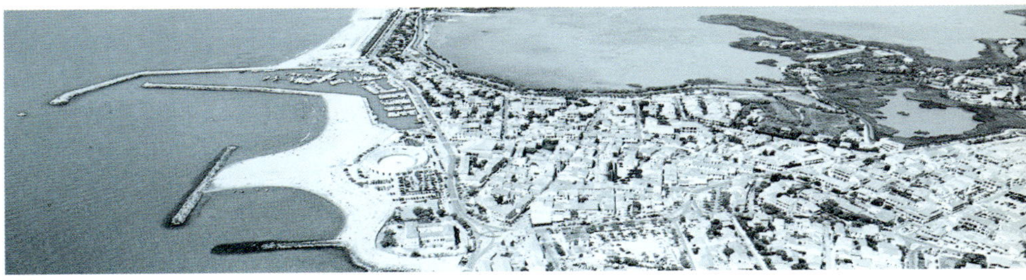

156–157 *Aigues-Mortes: Von hier aus brach Ludwig der Heilige zweimal zum Kreuzzug auf. Die Stadt hat über einen Kanal direkten Zugang zum Mittelmeer. Im Mittelalter war Aigues-Mortes ein wichtiger Hafen und eine uneinnehmbare Festung mit bis zu 15 000 Einwohnern. Geblieben ist heute eine wundervolle kleine Stadt mit einem markanten Grundriss und einer intakten Befestigungsmauer.*

157 unten *Der Tour de Constance, der Hauptturm der Festung aus der Zeit Ludwig des Heiligen, diente als „Durchgangsschleuse" für den Hafeneingang und als Gefängnis für alle Arten von politischen Gefangenen. Von seinem 40 Meter hohen Türmchen aus, hat man einen fantastischen Blick auf die Umgebung.*

158 oben *Am Golf von Lion, auf der Nehrung, die den Étang de Thau vom Mittelmeer trennt, liegt Sète, einer der malerischsten Orte, den man sich vorstellen kann. Paul Valéry und Georges Brassens, die hier aufgewachsen sind, baben jeder auf seine Weise, die Pracht dieses herrlichen Ortes besungen. Und einem Nachbarn aus Narbonne, Charles Trenet, verdanken wir eines der schönsten Lieder, die über das Mittelmeer hier gesungen wurden „Das Meer, das wir tanzen sehen ...“.*

158–159 *Marseille wurde vor mehr als 2600 Jahren von griechischen Seeleuten gegründet. Marseille ist die älteste französische und zusammen mit Lyon Frankreichs zweitgrößte Stadt, gemessen an der Einwohnerzahl.*

159 oben *Eine Viertelstunde mit dem Schiff von Marseille entfernt liegt das Château d'Ilf. Es hat durch den Roman von Alexandre Dumas „Der Graf von Monte Christo“ Berühmtheit erlangt: Dem Held Edmond Dantès, der aufgrund von Willkür Jahrelang im Verlies des Schlosses festgehalten wurde, gelingt die Flucht und seine lang ersonnene Rache wird fürchterlich sein ...*

159 unten *Hier sieht man die befestigte Hafeneinfahrt des Alten Hafens von Marseille, der heute Freizeit- und Sportbooten vorbehalten ist. Das moderne Hafenbecken befindet sich weiter westlich.*

160 oben *Ein wenig abseits des lebhaften Hafentreibens liegt zwischen dem Tour du Portalet und dem Tour Vieille die kleine Bucht La Glaye, die sich den Charme des alten Saint-Tropez – vor dem Einfall der Touristen – bewahrt hat.*

160 unten *Im Süden von Saint-Tropez liegen die Strände von Pampelonne und Tahiti, die zur Gemeinde Ramatuelle gehören, einem kleinen, hübsch auf einem Weinberg gelegenen, provenzalischen Dorf.*

160–161 *Der Hafen von Saint-Tropez mit seinen aus aller Welt stammenden Sport- und Freizeitbooten: Wenn man die Stille, die dieses Foto suggeriert, genießen will, sollte man schon sehr früh morgens dorthin geben, denn im Sommer gleicht der Hafen einem Volksfest.*

161 unten *Von der Aussichtsterrasse der im Osten der Stadt gelegenen Zitadelle aus hat man einen guten Blick auf den Golf von Saint-Tropez, das Massif des Maures und auf das Massif de l'Estérel – dort oben vergisst man sogar das Verkehrschaos und die Staus, die man vielleicht ertragen musste.*

162–163 *Wird es in Menton je Winter? Tropische Blumen sowie Orangen- und Zitronenbäume gedeihen hier das ganze Jahr über und die Promenade de Soleil, die „Sonnenpromenade", die an Strand und Altstadt entlang bis zum Quai Napoléon führt, macht ihrem Namen zu jeder Jahreszeit alle Ehre.*

163 oben *Mit seinen Pinien, Zypressen und den Feldern voller Mimosen ist das Cap Martin (westlich von Menton) ein wahrer Märchenort.*

163 unten *Auf diesem kleinen Pfad kann man das gesamte rechte Ufer der Halbinsel des Cap Martin entlanglaufen und so die Blicke zunächst auf Monaco, dann auf die Landspitze des Cap Ferrat und das alte, hoch über einer Bucht liegende Dorf Roquebrune genießen.*

164 oben *Villefranche-sur-Mer ist einer der schönsten Plätze an der Riviera. Drei Steiluferstraßen, die Corniches, die in drei Etagen hoch über dem Meer liegen, führen in vielen Serpentinen von Nizza nach Menton. Die Kapelle Saint-Pierre in Villefranche wurde in den 1950er Jahren im Inneren von Jean Cocteau ausgestattet.*

164 Mitte *Cap Ferrat ist ein paradiesischer Ort mit Villen und Wohnanlagen zwischen Pinien, Parks und Gärten. Auf einem etwa 10 km langen Pfad kann man an der felsigen Küste entlang das Kap umrunden.*

164 unten *Antibes, das antike Antipolis der Griechen: Sie erbauten die „Stadt von gegenüber" – gegenüber von Nizza – im 9. Jahrhundert v. Chr. Das Château Grimaldi, in der Altstadt gelegen, beherbergt ein Picasso-Museum und andere wertvolle Sammlungen zeitgenössischer Kunst.*

165 *Die Altstadt von Menton mit ihrer Barockkirche Saint-Michel. Die gelbe und blassgrüne Farbe der Kirche erinnert an die in der Altstadt von Nizza gelegene Kathedrale Sainte-Répatie und an das nahe Italien.*

166–167 *Großaufnahme der Felsen von Monaco mit dem Ozeanographischen Museum, das steil über dem Meer liegt. Auch die um die Hafeneinfahrt gelegenen Gebäude scheinen sich geradewegs ins Meer stürzen zu wollen.*

168 oben *Der Hafen von Nizza wird von einem Hügel dominiert, auf dem sich einst eine Burg erhob. Heute dient der Hafen hauptsächlich dem Reiseverkehr nach Korsika. Es legen aber auch Kreuzfahrtschiffe hier an. Nizza, gemessen an der Einwohnerzahl die fünftgrößte französische Stadt, ist ein beliebtes Ausflugs- und Reiseziel.*

168–169 *Cannes ist jedes Jahr im Mai Schauplatz der Internationalen Filmfestspiele, die entlang des Boulevard de la Croisette zwischen Strand und Luxushotels stattfinden. Interessant ist aber auch der sehr belebte Hafen und die sich am Mont Chevalier emporziehende Altstadt, das Viertel Le Suquet, wie man es in Cannes nennt.*

169 oben *Dieser Blick auf Cannes zeigt deutlich die Bedeutung des Hafens, in dem Fischerboote und verblüffend luxurieuse Freizeitboote buntgemischt auf den Wellen schaukeln. Seit einem Jahrhundert hat sich Cannes in Europa zu einem der beliebtesten Orte der Sommerfrische entwickelt, wo sich Fürsten und Milliardäre aus aller Herren Länder tummeln.*

169 unten *Gegenüber der Baie des Anges (Engelsbucht), an der Promenade des Anglais, die an einen französischen Sieg über die Engländer erinnert, liegen Luxusbauten und prächtige Paläste, wie hier das Hotel Negresco und das ehemalige Kasino Ruhl.*

170 oben *Die alte, von den Genuesen erbaute Zitadelle dominiert den Hafen Saint-Florent am weiten Golf, der westlich mit Cap Corse endet. In der Umgebung, zwischen Saint-Florent und Calvi liegen an der langen felsigen Küste, die vom klaren, blauen Meer umspült wird, wunderbare Strände, dazwischen immer wieder einsame Buchten. Das Hinterland ist steil, wild und bergig. Kurz: hier ist die Rede von Korsika, der „Insel der Schönheit".*

170 Mitte und unten *Calvi, das in einer kleinen, herrlichen Bucht an der westlichen Küste liegt, ist die korsische Stadt, die Nizza und der Côte d'Azur am ähnlichsten ist. Jedes Jahr im Juni findet hier ein besonderes Jazz-Festival statt: Fast 200 Musiker kommen für eine Woche hierher, nicht nur um festgelegte Konzerte zu geben, sondern auch um während der ganzen Zeit, Tag und Nacht, in den Cafés, Restaurants und am Strand zu spielen. Sie erhalten keine Gage aber freie Unterkunft; sie spielen zum Vergnügen. Auch der bereits verstorbene Pianist MIchel Petrucciani war ein treuer Besucher von Calvi.*

171 Blick *auf die Oberstadt von Calvi. Man sieht die mit Bastionen versehene Befestigungsmauer und den alten Palast eines Genueser Gouverneurs, aus dem 15. Jahrhundert und sogar die Überreste eines Hauses, in dem Christoph Columbus geboren sein soll: Calvi stand damals unter der Herrschaft Genuas.*

172 oben *Zwischen den Vierteln Terra Vecchia und Terra Nova liegt der alte Hafen von Bastia – Bastia die Stolze, die Zurückhaltende, die Standhafte. Stolz kann sie wirklich sein, wegen ihrer geschichtsträchtigen Vergangenheit und wegen ihrer Reize. Es ist schön, abends auf der Place Saint-Nicolas zu sitzen, die man am oberen Bildrand sieht.*

173 oben links *Hier ist die Kathedrale Sainte-Maria in Bastia, zu sehen, die sich im Viertel Terra Nova befindet. Sie ist innen mit herrlichen Barockelementen ausgestattet.*

173 oben rechts *Die bergigen Landschaften im Inselinneren von Korsika sind noch besonders ursprünglich. Hier sieht man Corte, die eigentliche Kulturhauptstadt der Insel, deren Zitadelle mit ihren acht Bastionen am schwindelerregenden Steilhang über dem Tavaignano liegt.*

172 unten und 172–173 *Ajaccio, an der Westküste von Korsika, bietet einen beeindruckenden Ausblick auf den riesigen Golf, an dem es liegt. In der korsischen Hauptstadt wurde nicht nur Napoleon geboren, sondern auch Tino Rossi, der in den 1930er Jahren durch sein sehr vielseitiges Repertoire berühmt wurde: durch Schlager und durch Operetten.*

„Das Meer, das man tanzen sieht …“

174 *1995 wurde der Pont de Normandie, die drittgröte Brücke (nach denen von Tancarville und Brotonne) eingeweiht, die die beiden Ufer der Basse-Seine verbindet. Das mehr als 2 km lange Meisterwerk moderner Technik ist mit seiner Seilkonstruktion gleichzeitig in ästhetischer Hinsicht ein gelungenes Werk.*

175 *Ganz im Norden der Normandie, an der Grenze zur Picardie, reckt sich die Steilküste von Tréport hoch über einen langen Kieselsteinstrand. Die Kais des Fischerhafens, der an der Mündung des kleinen Flusses Bresle liegt, sind im Sommer sehr belebt.*

176 oben *Die charakteristische Landschaft des Pays de Caux mit seinen fruchtbaren Wiesen liegt direkt am Meer, das 70 m tiefer mit all seiner Wucht an die Felsen schlägt. Es ist gut, die örtlichen Gegebenbeiten zu kennen, hier muss man immer mit einem heftigen Wind rechnen. Dennoch, es ist immer wieder ein Erlebnis dort oben zu stehen.*

176 unten *Die Côte d'Albâtre (Alabasterküste), von der man hier die hohen Kreidefelsen sieht, mit denen das Pays de Caux abrupt endet, weist einige charakteristische Einbrüche auf, in denen Hafenstädte und Seebäder gebaut wurden. So auch das in der Bucht zwischen den Steilküsten von Amont und Aval liegende Étretat.*

176–177 *Étretat und die berühmte Steilküste von Aval: im Vordergrund die elegante Arkade der Porte d'Aval und der Porte d'Aiguille (70 m hoch); im Hintergrund und rechts der massive Bogen der Manneporte. Meer und Wind haben diese fantasievollen Formen geschaffen. Maler und Schriftsteller haben sich für sie begeistert, besonders aber Maupassant, der hier in Étretat aufgewachsen ist.*

178–179 *Der in der Bildmitte zu sehende Obelisk erinnert an die erste Flugüberquerung des Ärmelkanals durch Louis Blériot im Jahre 1909.*

180–181 *Die herrliche Landschaft der Baie de Somme, ihre weiten Sandflächen mit den unbestimmbaren Farben und den Spuren, die das Meer bei Ebbe hinterlässt. Hier, nördlich der Bucht, liegt Le Crotoy, ein kleiner Hafen für Küstenfischer (Crevetten und Heringe). Die Freizeitboote, die man hier sieht, beweisen, dass Le Crotoy auch ein beliebter Sommerferienort für Familien ist.*

180 unten links *Etwas nördlich von Boulogne liegt der Sand- und Kieselsteinstrand von Wimereux. Hier erhält man die ersten Eindrücke von den großen Dünen, welche fortan die Küstenstraße in Richtung Cap Gris-Nez säumen.*

180 unten rechts *Südlich der Baie de la Somme, gegenüber von Le Crotoy, liegt Saint-Valéry-sur-Somme, ein kleiner, bezaubernder Fischerhafen. Es lohnt sich die gesamte Bucht zu erforschen: Die fortschreitende Versandung hat aus ihr ein besonderes Naturreservat mit vielen Fischen und allen Arten von Zugvögeln (300 Arten) gemacht. Hier besitzt die Jagd eine lange Tradition – dies ist heute in ökologischer Hinsicht nicht unproblematisch.*

181 oben *Der Hafen von Dieppe, an der Küste der Haute-Normandie, hat lange von seiner Nähe zu Paris profitiert und kann es heute noch. Hier sieht man den Freizeit- und Sporthafen.*

181 unten *Zwischen Cap Griz-Nez und Wimereux liegt der ehemalige Militärhafen von Ambleteuse. Er wurde von einem Fort, das Vauban konstruierte, geschützt. Heute lockt der beliebte Urlaubsort vor allem Familien an, die den Strand zwischen den Dünen bevölkern.*

182–183 und 184–185
Weit draußen, vor der Bucht des Mont-Saint-Michel und der Halbinsel Cotentin, liegt auf der Höhe von Granville der Archipel der Chausey-Inseln (rund 50 an der Zahl). Die meisten dieser vielen Inseln sind winzig. Der Legende nach sind sie Überreste eines alten Waldes, den das Meer verschlungen haben soll. Die größte Insel, die Grande Île, ist als einzige bewohnt (kaum mehr als 100 Personen im Sommer!) und kann zum Teil besucht werden. Die übrigen Inseln sind in Privatbesitz. Im Mittelalter wurde hier Granit abgebaut, der auch zum Bau des Mont-Saint-Michel benutzt wurde. Aus der Luft wirkt die wilde und einsame Natur besonders eindrucksvoll. Nur mit kleinen Freizeitbooten gelangt man in den Archipel. Bei Ebbe werden riesige Sandbänke sichtbar: Man sollte sich aber nicht vom zurückkehrenden Meer überraschen lassen ...

__186–187__ Die Becken, Mastparks der Austernparks von Marennes, Claires (Mastparks) genannt, sind ein unglaubliches Labyrinth, das sich kilometerlang auf beiden Seiten der Seudre-Mündung ausdehnt. Hier werden besonders delikate grüne Austern gezüchtet, eine Spezialität von Marennes. Auf diesen Luftaufnahmen erkennt man gut die grüne Farbe, die von den Austernschalen herrührt.

__188–189__ Wir befinden uns hier am westlichsten Zipfel der Île de Ré. In der Bildmitte ist der Phare des Baleines, der „Leuchtturm der Wale", zu sehen und links die Conche, eine große Bucht mit gleichem Namen. Hier strandeten oft Wale. Im Hintergrund erkennt man die bläulichen Becken der ehemaligen Salzgärten. Heute sind sie Naturreservate.

190 oben, 190 unten und 192–193 *Die ehemaligen Salzgärten an der Ostküste der Île d'Oléron wurden für die Austernzucht in Mastparks, umgewandelt. Zusammen mit dem Fischfang ist die Zucht von Austern die Haupteinnahmequelle der Insel.*

190–191 *Vor dem Horizont sieht man die Île d'Oléron. Sie ist, genau wie die Île de Ré, sehr flach. Eine kleine Ausnahme macht die Pointe de Chassiron, von der man hier den Leuchtturm sieht. Sie ist von kleinen Felsen eingefasst. Die Côte Sauvage, die „Wilde Küste", im Westen der Insel, ist dem heftigen Seegang des Atlantik ausgesetzt, dessen Wellen sich aufbäumen und in kräftigen Brechern auf den Strand schlagen, sobald der Wind sich erhebt.*

194–195 *Südwestlich von Bordeaux liegt das 25 000 Hektar große Haff von Arcachon. Es ist umgeben von den typischen Wäldern des Landes. Bei Ebbe entstehen in weiten Teilen der Bucht riesige Sandbänke, zwischen denen breite Wasser weiterfließen.*

196 *Die Île d'Oiseaux (Vogelinsel) mitten im Haff von Arcachon, ist einer der wenigen Orte des Bassin d'Arcachon, die bei Flut nicht überschwemmt werden. Hier stehen auch heute noch zwei auf Stelzen gebaute Fischerhäuser. Unter den modernen Freizeit- und Sportbooten befindet sich auch eine Pinasse, das traditionelle Boot der Austernfischer in dieser Bucht.*

197 links oben *Arcachon ist das wichtigste Seebad des Bassins und Mittelpunkt der Austernzucht. Die Austern von Arcachon wurden schon in der Römerzeit geschätzt. Man verweist sie gleich vor Ort, zusammen mit einer kleinen heißen Wurst, der Crépinette, und einem trockenen Weißwein, natürlich ein Bordeaux, bevorzugt ein Graves.*

197 links unten *Das Fort Chapus (auch Fort Louvois genannt) wurde im 17. Jahrhundert ganz im Stil der französischen Klassik erbaut. Es steht heute einen halben Kilometer vom Fluss entfernt gegenüber von Chapus, einem kleinen Ort in der Nähe von Marennes.*

197 rechts oben *Zwischen der Île d'Oléron und der Île d'Aix erhebt sich das Fort Boyard. Es wurde im 19. Jahrhundert mitten ins Meer gebaut. Seine bizarre Form ist vielen sicherlich aus zahlreichen Filmen und Reportagen bekannt, die hier gedreht wurden.*

198 und 199 *Ferienstimmung in der Bretagne. Ein kleiner Hafen: Freizeitboote warten auf die Flut und Urlauber nutzen die Zeit der Ebbe, um am Strand zu reiten.*

200–201 *Gegenüber von Quiberon, zwischen der Belle-Île und dem Festland, liegt die winzige Île d'Houat (5 km auf 1,3 km). Sie bietet ihren Besuchern eine kleine, reizende Ortschaft und lange Strände, die den Blick auf das weite Meer freigeben.*

201 oben und unten
Die Bucht von Vannes ist einer der außergewöhnlichsten Orte der gesamten Bretagne. Der Golf von Morbihan (auf bretonisch bedeutet Morbihan *„kleines Meer") ist ein richtiges Binnenmeer, das mit unzähligen großen und kleinen Inseln übersäht ist.*

202 *Beim Mont-Saint-Michel weiß man gar nicht, was man mehr hervorheben soll: Die Schönheit seiner Lage, die Bucht, die das Meer bei Flut ganz überschwemmt, oder die Anstrengungen, die nötig waren, um so eine prächtige Anlage zu errichten. Sie wurde oft als „Wunder des Westens“ bezeichnet, und ihre Abtei als ein vollkommenes Meisterwerk der Gotik.*

203 *Der Erzengel Michael erhebt sich stolz auf der 157 m hohen Spitze des Glockenturmes der Abteikirche.*

__204__ Eigenartig, all diese Schwimmbecken in unmittelbarer Nähe dieses sauberen, tiefblauen Meeres... Aber wir befinden uns am Cap d'Antibes, an einem Ort, dessen Schönheit zum Luxus, zur Ruhe, zum Genuss einlädt, weit weg von den Menschenmengen, die sich an den übrigen Stränden der Küste drängen.

__205 oben__ Vor Cannes, weit draußen im Meer, laden die Îles de Lérins, Sainte-Marguerite und Saint-Honorat, den Besucher großzügig zu langen Spaziergängen im Schatten der Eukalyptus- und Pinienwälder ein. Man kann auch über das Rätsel der Masque de Fer (Eisenmaske), dieser geheimnisvollen Person nachsinnen, die einst Ludwig XIV. jahrelang auf der Île Sainte-Marguerite im Fort-Royal einkerkern ließ und deren Identität nie geklärt werden konnte.

__205 unten__ Die äußerste Spitze von Cap d'Antibes, zwischen dem Strand von Garoupe und der Pointe de l'Illette, ist stark bewaldet. Die Halbinsel ist von einer in warmen Farben schimmernden Felsküste umsäumt.

__206–207__ Cap d'Antibes gehört zu den Orten, die einem den Eindruck vermitteln, dass sie für den ewigen Urlaub geschaffen wurden. Man muss lange suchen, um hierzu einen geeigneteren Platz zu finden.

__208–209__ Zwischen Saint-Raphaël und La Napoule vereint sich das Rot der Felsen des Estérel-Gebirges mit dem Indigoblau des Mittelmeers. Hier liegen unzählige kleine, nur mit dem Boot zu erreichende Buchten.

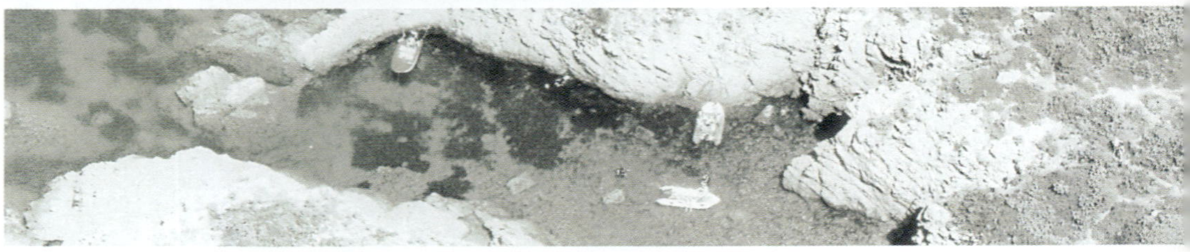

211 oben *Die wilde Schönheit der Calanques: oben erkennt man Goudes, ein ehemaliges Fischerdorf, heute ein Ausflugsziel der Bewohner von Marseilles.*

210 *Zwischen Marseille und Cassis liegen an einer rund 20 km langen Küste die Calanques, kahle, strahlend weiße Steilfelsen, die hin und wieder von tiefen Einbuchtungen unterbrochen sind. Die Calanques sind ein Traumziel für Liebhaber von Spaziergängen und Klettertouren, aber auch für Tiefseetaucher.*

211 unten *Eine der hübschesten Calanques nahe Marseille ist sicherlich Callelongue: Ein kleiner Hafen, einige Häuschen, eine Gastwirtschaft mit Terrasse, auf der man ein kleines Glas roten Bandol oder einen frischen Rosé aus der Provence trinken kann - traumhaft!*

212–213 *Die größte der Hyèriscben Inseln (Îles d'Hyeres) ist die Île de Porquerolle. Sie ist in weiten Teilen mit Pinien- und Eukalyptuswäldern bedeckt. Seit sie dem Staat gehört, hat sie sich zum Naturreservat entwickelt. Hier der westlichste Zipfel der Insel, die Pointe du Grand Langoustier.*

213 *Auf Porquerolles kann man tauchen, segeln und andere Wassersportaktivitäten ausüben. In der Bildmitte sieht man den kleinen Hafen, gegenüber vom Festland gelegen. Man kann auf der Insel aber auch einfach in den Wäldern spazierengehen oder die Strände an der nördlichen Inselküste besuchen.*

214 *Der Petit Langoustier, den man hier sieht, liegt nördlich der Pointe du Grand Langoustier. Er besteht nur aus einem winzigen Felsen, mit einem kleinen Fort. Das Fort erinnert daran, dass die Vergangenheit von Porquerolles nicht immer so friedlich war wie es hier anmutet.*

215 *Die Île du Levant ist die unberührteste der drei Îles des Lérins. Diese aus einem langen Felsenband bestehende Insel wird rundum von steilen, unzugänglichen Klippen begrenzt. Ein Paradies für Naturliebhaber!*

216–217 *Südlich von Montpellier, auf einer ehemaligen Insel, die heute eine Verbindung zu dem Küstenstreifen hat, der den Étang de Vic vom Mittelmeer trennt, steht die beeindruckende, befestigte Kathedrale von Maguelonne. Sie besitzt ein aus der Romanik stammendes Kirchenschiff. Sie hat eine stürmische Vergangenheit hinter sich, heute steht sie jedoch friedlich inmitten von Weinreben.*

217 oben und unten
Eine Symphonie in Blau erwartet uns bei Maguelonne: Seen und Lagunen soweit das Auge reicht. Hier entlang zieht sich auch der Rhône-à-Sète-Kanal, der im Süden durch einen schmalen Küstenstreifen begrenzt wird, umspült vom blauen Wasser des Golfs von Lion.

218–219 und 220–221
Die Salzgewinnung in der Camargue geht bis in die Antike zurück. Hier sieht man nur einige der vielen Salzgewinnungsbecken, die zwischen Aigues-Mortes und dem Golf von Fossur-Mer auf Tausenden von Hektar liegen. In der untergehenden Sonne schimmern die Becken in sämtlichen Rotschattierungen.

222–223 *Der Süden der Camargue ist bis heute eine unfruchtbare, sumpfige Ebene mit Seen und Lagunen, die direkte Verbindungen zum Meer besitzen. Die Gegend hier wirkt auf dieser aus großer Höhe gemachten Aufnahme wie eine Mondlandschaft.*

224–225 *In dem weiten Sumpfgebiet der südlichen Camargue, ab dem Strandsee von Vaccarès, beginnt ein Gebiet mit einer außerordentlich reichen Tierwelt. Hier findet man Hunderte von Vogelarten, wie diese im Flug aufgenommenen rosa Flamingos.*

226 oben und 226–227
Große Rhône, Kleine Rhône, Alte Rhône sowie unzählige Strandseen mit Brackwasser und Lagunen, die von Dünen gesäumt sind – die Rhône teilt sich hinter Arles immer wieder und dehnt sich in einem Delta aus, das an die riesigen Mündungen der großen Flüsse in Asien erinnert.

227 oben und unten
Neben dem intensiven Getreideanbau, im Norden des Deltas ist die Tierzucht eine weitere Einnahmequelle der Camargue. Rund um Bauernhäuser wie diesem hier liegen im Sumpfgebiet der Camargue riesige Besitztümer, auf denen Pferde und Stierherden frei umherziehen.

228 oben *Östlich von Paimpol und seiner mit Felsen gespickten Bucht liegt der kleine Leuchtturm von Mez du Goëlo in der nördlichen Bretagne. Er erbebt sich stolz am äußersten Rand eines einsamen Riffs.*

228 Mitte *Das Fort La Latte ist eine solide Festung aus dem 13. und 14. Jahrhundert, die über den Eingang der kleinen Bucht von Frénaye wacht. Im Westen, auf der anderen Seite der Bucht von Sévignés, liegt Cap Frébel mit seiner hohen, roten Steilküste. Unten schlagen die Wellen an die Felsen und hoch darüber fliegen große Möwen und Kormorane.*

228 unten *Weit draußen vor der Côte d'Armor ist die Île de Bréhat von unzähligen kleinen Inselchen und Riffen umgeben. Genau wie in weiten Teilen der Bretagne herrscht auch hier ein sehr mildes Klima: Es blühen Mimosen und man findet sogar Feigenbäume und Eukalyptus.*

229 *An der Westküste von Korsika liegt Capu Rossu, das Rote Kap, das seinen Namen zu Recht trägt. Es breitet die Massen seiner zerklüfteten Felsen breit aus, bevor sie steil ins Meer stürzen.*

230 und 231 *An der äußersten Südspitze von Korsika, bei Bonifacio, entfaltet sich für den Taucher bei der kleinen Île Cavallu und den Île Lavezzi ein wahres Untenwasserparadies: Sauberes, warmes Wasser, felsiger Meeresgrund und beim Auftauchen garantiert Sonne – was will man mehr? Das dachten sich auch einige berühmte Leute, als sie sich dort niederließen. Ihre Häuser haben mit Recht den Zorn der Naturliebhaber auf sich gezogen.*

232 oben und 233 oben
Die Westküste Korsikas bietet teilweise sehr zerklüftete Küstenlandschaften. Steile Klippen wechseln sich mit Buchten und Meereseinschnitten in unterschiedlichsten Größen ab. Das Meer erstrahlt, je nach Sonnenstand, unaufhörlich in immer neuen Farbnuancen.

***232–233** Südlich von Porto-Vecchio, an der Ostküste Korsikas, bietet Santa Giulia den vorbeikommenden Sportseglern eine idyllische Bucht mit einem schmalen Sandstrand ...*

***233 unten** Der an der Ostküste gelegene Golf von Porto zieht wegen seiner unmittelbaren Nähe zu Bergen und Steilhängen im Hinterland Touristen aus aller Welt an.*

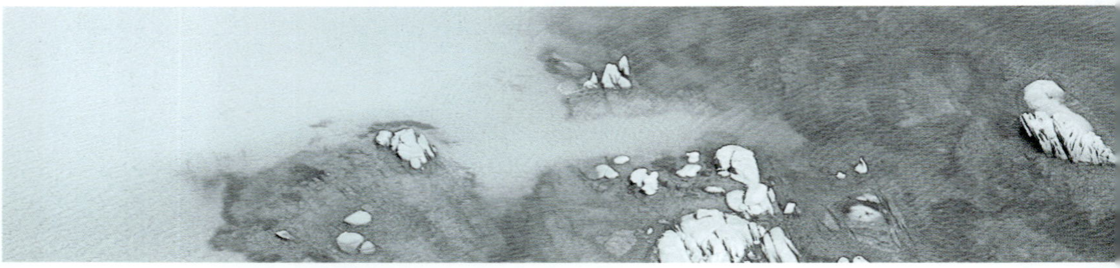

234 und 235 *Diese Fotos der Ostküste sprechen für sich: Ein einsames Segelboot in der Bucht von Santa Giulie, ein Anlegeponton, der im Wasser treibt, die strahlende Sonne, die einsamen Strände in Buchten oder vor bewaldeten Küstenstreifen. Eine Bilderbuchlandschaft, von der alle träumen und dann überrascht sind, eine solche Traumlandschaft auf Korsika tatsächlich zu finden.*

236 oben und 236–237 *Am südlichsten Zipfel Korsikas, in einer von strahlend weißen Kalkfelsen beherrschten Landschaft, und wo die Erosion geheimnisvolle Felsformationen geschaffen hat, liegt Bonifacio (die südlichste Stadt Frankreichs!). Korsika hebt sich hier von der restlichen Insel ab, wo Granitstein und Schiefer vorherrschen.*

236 unten und 237 oben *Die Oberstadt von Bonifacio ruht auf einem über 100 m aufragenden Felsen, der fast eine Halbinsel bildet. Sie besitzt eine von den Genuesen im 16. Jahrhundert erbaute Festungsmauer, die aus der Stadt eine fast uneinnehmbare Festung machte.*

238–239 *Blick auf Ober- und Unterstadt von Bonifacio, die sich auf beiden Seiten der engen Hafenzufahrt ausbreiten. Diese Lage schützt die Stadt bestens vor den gefürchteten, plötzlich einsetzenden Mittelmeerstürmen und wurde schon von Odysseus in der Odyssee erwähnt.*

Bildnachweis

Alle Fotos in diesem Buch sind von Guido Alberto Rossi/The Image Bank, mit Ausnahme der Folgenden:

Yann Arthus Bertrand/Altitude/The Image Bank: 67, 30, 31, 110, 111, 112, 113, 114;

Alain Choisnet/The Image Bank: 145 oben;

Alain Ernoult/Agence Ernoult Features/The Image Bank: 64 oben;

Yannick Le Gal/Agence Ernoult Features/The Image Bank: 137, 151 unten, 228;

Alban Lorenzi/Agence Ernoult Features: 103 oben;

Lionel Schwartz/The Image Bank: 78;

Michel Sioux/Agence Ernoult Features/The Image Bank: 65;

Raphaël Van Butsele/Agence Ernoult Features/The Image Bank: 79, 103 Mitte.

240 *Die doppelte Befestigungsmauer der Stadt Carcassonne mit ihrem Tour du Trésau (Schatzturm) und seinen zwei, mit roten Dächern ausgestatteten Türmchen überragt im Osten die Porte Narbonnaise.*